Espaces littéraires

Rouge métro

Claudine Galea

Cornelsen

Espaces littéraires | Rouge métro
Claudine Galea

Herausgeber: Otto-Michael Blume
Vokabelannotationen und Aufgaben: Dr. Martina Sobel
Verlagsredaktion: Sandra Brandstetter
Umschlaggestaltung: werkstatt für gebrauchsgrafik, Berlin
Layout und technische Umsetzung: Buchgestaltung + Berlin

Quellenverzeichnis: Abbildungen: Coverfoto: Fotolia/Farmer
Texte: **S. 5–80** Éditions du Rouergue 2007 / Claudine Galea

Verwendete Abkürzungen

adj.	adjectif	inf.	infinitif	qc	quelque chose	Inf.	Infinitiv
adv.	adverbe	litt.	littéraire	qn	quelqu'un	jmd	jemand
conj.	conjonction	m.	masculin	subj.	subjonctif	jdm	jemandem
expr.	expression	péj.	péjoratif	vulg.	vulgaire	jdn	jemanden
f.	féminin	pl.	pluriel			etw.	etwas
fam.	familier						

www.cornelsen.de

Die Links zu externen Webseiten Dritter, die in diesem Lehrwerk angegeben sind, wurden vor Drucklegung sorgfältig auf ihre Aktualität geprüft. Der Verlag übernimmt keine Gewähr für die Aktualität und den Inhalt dieser Seiten oder solcher, die mit ihnen verlinkt sind.

1. Auflage, 3. Druck 2025

Alle Drucke dieser Auflage sind inhaltlich unverändert und können im Unterricht nebeneinander verwendet werden.

Druck: Esser printSolutions GmbH, Bretten

ISBN 978-3-06-121178-3

PEFC-zertifiziert
Dieses Produkt
stammt aus
nachhaltig
bewirtschafteten
Wäldern und
kontrollierten Quellen
PEFC/04-31-2851   www.pefc.de

Rouge métro

Annexe

Partie 1

Ce jour-là j'avais mis ma robe neuve.
Celle que j'avais achetée avec l'argent de papa.
Rouge. Avec des bretelles[1].

La vendeuse m'avait dit, Super, elle vous va carrément[2] bien.
5   Je voulais la montrer à Clara. Ma meilleure amie.

Ce jour-là, le 19 juin. Un lundi.
Plus que dix jours et on passait le brevet[3]. Après, on serait en
vacances.

Depuis le week-end, il faisait très chaud. Le dimanche après-midi,
10 on était allées à la piscine avec Clara. Je lui avais parlé de ma robe
rouge achetée la veille[4] chez H&M.
Tu la mets quand ? avait demandé Clara.
Demain.

---

1   la bretelle: Träger
2   carrément *adv.*: *ici* très, tout à fait
3   le brevet: Schulabschluss in Frankreich, entspricht mittlerer Reife
4   la veille: *hier* le jour précédent

J'essaie de me souvenir. De mettre dans l'ordre. Je me souviens et je fais partir les choses. De cet endroit[1], là. Là. Je ne sais pas nommer. Un endroit dedans. Qui fait mal quand je passe dessus[2]. Je passe dessus sans m'arrêter. Je vérifie. La douleur est toujours là. Elle ne part pas. C'est même le contraire, elle augmente. Comme la petite boule que j'ai sur le bras juste au-dessus du poignet[3]. C'est rien, une petite boule de graisse[4]. Le docteur a dit de ne pas s'inquiéter. Si elle grossit, on l'enlèvera. C'est un kyste[5]. Eh bien, l'endroit, là, c'est pareil. Ça fait une boule. La boule durcit[6]. Au fil des[7] semaines, des mois. Ça fait sept mois maintenant.

Chaque jour, je sens qu'elle durcit. Plus je passe, plus elle durcit. Alors j'ai décidé de m'arrêter. De cesser de[8] faire semblant[9]. D'arrêter de glisser, de ne faire que passer, parce que ça ne va pas passer tout seul, justement, ça ne va pas passer comme ça. Tu finiras par oublier, dit ma mère. Sûrement pas. Je ne vais pas oublier, et à force de faire comme si[10], c'est là que ça fait mal. Comme si, c'est un mensonge[11]. Comme si je pouvais oublier.

C'était la fin de l'après-midi. La piscine était pleine de monde. Le samedi on avait révisé pour l'examen. On n'était pas trop inquiètes. On pensait surtout aux vacances. J'avais envie d'être à Aix-en-Provence. Je pensais à ce que j'allais emporter. Aux vingt livres que
5 j'avais choisis. Pour un mois ce serait juste, mais maman disait que c'était trop. Et à ma robe rouge. Je la mettrais quand on irait manger des glaces le soir sur le cours Mirabeau.

Mon esprit a dérivé[1] vers le sud de la France, tandis que[2] Clara énumérait les vicissitudes[3] des vacances avec les parents dans le
10 sud de l'Espagne.

Hay que morir.[4] Il fait cinquante à l'ombre[5], tu ne peux pas sortir avant cinq heures de l'après-midi, tu passes tes soirées entre le Spectral et La Pampa à boire des sodas dégueulasses[6] et à danser sur les mêmes trucs débiles que t'entends[7] partout, à la radio, au super-
15 marché, sur la plage, aux terrasses des cafés, sur la sono[8] des voisins. *Que fastidioso.*[9] Si au moins tu venais avec moi. Au lieu d'aller en boîte[10], on irait au phare[11], on regarderait des DVD en VO[12], on pique-niquerait sur la plage et on dormirait à la belle étoile[13]. Je m'ennuie sans toi en vacances. Cerise ?

1   dériver: abdriften
2   tandis que *conj.*: wohingegen
3   les vicissitudes *f. pl.*: les problèmes *m. pl.*, les côtés négatifs *m. pl.*
4   Hay que morir: *espagnol* Il faut mourir
5   à l'ombre *f.* ≠ au soleil
6   dégueulasse *m./f. adj.*: pas délicieux/-euse, horrible *m./f. adj.*
7   t'entends: *fam.* tu entends
8   la sono: la sonorisation: die Beschallungsanlage
9   que fastidioso: *espagnol* wie ärgerlich
10   aller en boîte *f.*: *fam.* sortir le soir en discothèque *f.*
11   le phare: Leuchtturm
12   en VO: en version originale
13   dormir à la belle étoile: *litt.* bei Mutter Grün übernachten

Moi aussi je m'ennuie à mourir, j'ai pensé. Mais je n'ai rien dit. Après Aix-en-Provence, j'irai rejoindre mon père en Bretagne. À Aix je ferai des confitures avec ma grand-mère, à Lorient je m'installerai sur les rochers[1] avec un livre et mon i-pod.

Pourquoi tu dis rien, Cerise ? a demandé Clara.   5

1   le rocher : la grande pierre

Tout va bien maintenant, dit une voix, mon père ou le docteur, *c'est fini ma chérie, ça va aller maintenant*, mon père ma mère, *ouvre les yeux Cerise*, mon père ma mère le docteur, *mademoiselle pouvez-vous ouvrir les yeux*. Non. J'avais tiré le rideau[1]. Fait le noir. Ouvrir les
5 yeux ? Tout était dans ma tête. Tout ce qu'il y avait à voir.

Tirer le rideau, ça suffit. Il n'y a pas de rideau. Le noir n'existe pas. D'ailleurs j'ai fermé les yeux APRÈS. Avant, j'ai tout vu. Alors je ne vais pas faire comme si. J'ai vu ce que j'ai vu. J'ai vu, c'est tout. J'ai survécu. Ça ne m'a pas tuée de voir. Mais ce silence, ce rideau, oui,
10 ça me tue.

Parler au psychologue, ça ne suffit pas. On dirait que je dis des secrets. Ce ne sont pas des secrets. C'est ce que j'ai vu. Ça se passait dans un endroit public, ce n'est pas un secret.

---

1   tirer le rideau: den Vorhang zuziehen (→ Theater)

J'avais pris un coup de soleil à la piscine. Heureusement, j'avais baissé les bretelles du maillot[1]. La marque des bretelles sous celles, plus fines, de la robe rouge, ça n'aurait pas été top !

Il faisait si chaud que je n'arrivais pas à m'endormir.

On avait laissé les fenêtres ouvertes et, dans la cour en bas, il y avait des gens qui discutaient. Mais du cinquième étage, je ne pouvais pas entendre ce qu'ils racontaient. Dommage.

J'adorais écouter les conversations. J'adorais les mots des autres. Leurs phrases. J'adorais le son des voix. Chaque voix est unique. Et la façon de parler des gens. Il n'y avait rien que j'aimais autant qu'écouter les gens parler. Comment on retrouvait des mots, des phrases entières, des expressions, des intonations, des rires, des soupirs[2], des énervements. C'étaient souvent les mêmes mots dans la bouche des gens. Ceux de Clara, les miens, ceux de ma mère, de mon père, ceux des profs. Les mots de tous les jours, les mots de tout le temps. Comment les mêmes mots racontaient des histoires différentes. Comment les histoires finissaient aussi par se ressembler[3]. À cause des mots qui étaient toujours les mêmes ? Je ne savais pas. J'écoutais, je notais dans ma tête et je retenais des bouts[4], parfois des monologues entiers[5]. Parfois aussi je devinais ce qui serait dit, ça me venait au bord des lèvres[6], et quand j'entendais dans la bouche de quelqu'un la phrase qui était dans ma tête, sur mes lèvres, ça me faisait rire. C'est pour ça que j'adorais prendre le métro. Je ne lisais jamais, je ne révisais jamais mes leçons dans le métro, j'écoutais les gens parler. Et j'oubliais de descendre à la bonne station. Ce que tu peux rêver, disait mon père en riant.

Il avait raison, c'est ce que je faisais, je rêvais les histoires des autres. Ils m'en livraient un bout[7] et je continuais, je leur inventais

---

1 le maillot: le vêtement qu'on porte à la piscine
2 le soupir: Seufzen (→ soupirer)
3 se ressembler: être pareil/le, le/la même
4 retenir des bouts *m. pl.*: se souvenir de quelques détails *m. pl.*
5 entier/-ère *adj.*: complet/te *adj.*
6 venir au bord des lèvres *f. pl.*: über die Lippen kommen
7 livrer un bout: donner un détail

des suites, des fins, catastrophes ou happy ends. Ça dépendait de mon humeur[1] et des personnes. Si ceux que j'écoutais me regardaient de travers[2] ou s'ils étaient sympathiques, s'ils me faisaient de la place ou s'ils refusaient de se pousser sur la banquette[3] étroite,
5 étendaient ostensiblement leurs jambes[4] dans l'allée. Il y en avait qui baissaient la tête et je ne croisais[5] jamais leur regard. Une fois j'avais fait treize stations pour voir si l'homme allait lever les yeux de son journal. À treize, j'avais laissé tomber[6], j'étais déjà en retard. Et la femme qui se retenait[7] pour ne pas éclater en sanglots[8]. J'avais
10 fait toute la ligne 5. Je ne pouvais pas la laisser comme ça, entre deux vagues de chagrin[9]. Elle se retenait, se retenait. De temps en temps, elle essuyait furtivement une larme[10] qui échappait à son contrôle. Elle avait un livre ouvert devant elle, *Dans ces bras-là*, ça s'appelait, et elle ne tournait jamais les pages. Elle faisait des efforts pour lire
15 mais il y avait d'autres phrases qui s'écrivaient dans sa tête et l'empêchaient de lire celles du livre. Moi j'essayais d'imaginer les phrases dans sa tête. Elle avait l'âge de ma mère et elle était super belle. Avec des cheveux très longs qu'elle avait attachés n'importe comment sur sa nuque[11] et un blouson en cuir[12] dont elle retournait tout le temps
20 la manche[13] droite. Et de grands bracelets d'argent[14] au poignet. À un moment, elle a vu que je la regardais, elle m'a souri tristement comme si elle allait me dire quelque chose, mais si elle avait parlé,

1	l'humeur *f.*: Laune
2	regarder qn de travers: jmd schief/böse ansehen
3	la banquette: où on est assis/e dans le métro
4	étendre ostensiblement ses jambes *f. pl.*: seine Beine auffällig weit ausstrecken
5	croiser: kreuzen
6	laisser tomber: arrêter, finir
7	se retenir: sich zurückziehen, sich zurücknehmen
8	éclater en sanglots *m. pl.*: commencer à pleurer
9	la vague de chagrin *m.*: Welle der Trauer
10	essuyer furtivement une larme: heimlich eine Träne abwischen
11	la nuque: Nacken
12	en cuir *m.*: aus Leder
13	la manche: Ärmel
14	le bracelet d'argent *m.*: Silberarmband

les larmes seraient sorties de partout, pas seulement de ses yeux, mais de tout son corps, j'en étais sûre, elle avait tout le corps en larmes. Alors je lui avais souri aussi.

Pourquoi tu ne lui as rien dit ? avait insisté Clara quand je lui avais raconté à l'interclasse[1].
Je n'arrêtais pas de penser à cette femme, elle était entrée en moi, son chagrin avec, et je n'arrivais plus à m'en libérer.
     Pourquoi tu ne lui as pas dit un mot gentil, Vous avez besoin d'aide ou bien, Ça ne va pas madame ? Elle avait besoin de parler, non ?

Non, j'avais dit à Clara. Surtout pas. Elle ne devait pas parler. Elle devait tenir. Elle devait ne pas pleurer. Elle devait être plus forte que son chagrin. Et puis, ce n'est pas parce que j'ai imaginé ses phrases que j'étais dans sa tête. Tu ne peux jamais être dans la tête de quelqu'un, ou à sa place. Tu peux juste y penser avec l'émotion que ça te donne.

L'émotion était trop forte ce jour-là. Peut-être parce qu'elle aurait pu être ma mère. Peut-être parce que je la trouvais belle. Peut-être parce que j'avais envie de mettre mon visage dans ses longs cheveux.

Mais une émotion pareille, c'était rare quand même. Sauf[2] avec les sans-abri[3]. Avec eux, c'était tout le contraire de la femme au chagrin. Eux, c'étaient leurs phrases qui me mettaient à l'envers[4]. C'était ce qu'ils disaient et qui ne collait[5] pas avec la situation, la beauté, souvent, de ce qu'ils disaient, qui ne collait pas avec leur crasse[6], leur

---

1   l'interclasse *f.*: la pause entre deux cours à l'école
2   sauf: außer
3   le/la sans-abri: personne sans maison fixe
4   mettre à l'envers *m.*: auf den Kopf stellen
5   coller: *hier* passen
6   la crasse: Dreck

odeur, avec leurs dents noires, avec leurs fringues[1] trop grandes, avec leur sourire artificiel et leurs yeux absents, avec leurs vieux visages. Ils avaient toujours de vieux visages même quand ils étaient jeunes. Ça n'allait pas ensemble, leur allure et leur âge, leurs paroles
5 et leur air. C'était trop ou pas assez. C'était pour ça qu'en face, on était mal à l'aise[2].

---

1 les fringues *f. pl.*: *fam.* les vêtements *m. pl.*
2 être mal à l'aise: se sentir mal

Ne parle pas, a dit ma mère quand on est rentrées à la maison après les deux jours que j'avais passés à l'hôpital, ne parle pas ça fait trop mal. Qu'est-ce qu'elle en sait, elle, du mal que ça fait ? Et ce qui fait mal ? On aurait dit qu'elle craignait[1] que je parle. C'était bien la première fois qu'on me disait de ne pas parler ! Ça me fait sourire. Il y a beaucoup de trucs maintenant qui me font sourire. Depuis ce jour-là, il y a beaucoup de trucs auxquels je ne crois plus. Et puis il y en a encore davantage[2] que je ne supporte plus. Je comprends, dit maman. Non, justement. Tu ne comprends pas. Et papa non plus. Et même Clara ne comprend pas. Vous ne pouvez pas comprendre. Mais ce n'est pas important. Je n'ai pas besoin que vous compreniez. Mais NE FAITES PAS SEMBLANT de comprendre. Ça, je ne supporte plus, c'est exactement le genre de choses sur lesquelles je ne passerai plus. Et NE FAITES PAS SEMBLANT non plus de m'écouter. Vous ne m'écoutez pas, vous n'avez pas envie de voir ni d'entendre. OK. Vous faites comme vous sentez. Moi je ne peux pas garder ça dans ma tête, ça pourrit[3]. Ça s'enkyste[4]. Ça se mélange et ça me donne des cauchemars[5]. Ça ne se soigne[6] pas avec des médicaments, avec les vitamines que maman s'obstine à[7] me faire prendre. Si je ne mets pas tout noir sur blanc, ça fait des nœuds[8], des paquets, et la boule durcit. J'ai décidé de me souvenir de TOUT. DANS LES DÉTAILS. Dans le moindre[9] détail.

---

1 craignait → craindre: fürchten
2 davantage *adv.*: plus *adv.*
3 pourrir: sich verschlechtern, schlimmer werden
4 s'enkyster: développer un kyste
5 le cauchemar: le mauvais rêve
6 soigner: heilen, pflegen
7 s'obstiner à qc: auf etw. beharren, bestehen
8 le nœud: Knoten
9 le moindre: le plus petit

Lundi. Lundi 19.

Il faisait trente-cinq degrés centigrades à Paris. Quand je me suis engouffrée[1] dans le métro à République, la chaleur m'a prise à la gorge[2].

5   C'était le lundi où je prenais le métro à République. Je faisais Répu[3]-Mairie de Montreuil.

J'allais au collège à Montreuil. C'était ma dernière année. L'an prochain, j'irais au lycée. Avec ma mère j'habitais Montreuil, avec mon père à côté de la place de la République. Une semaine sur deux.

10   Ça faisait quatre ans que ça durait. Depuis l'entrée en sixième. Mon père voulait que j'aille au collège à Paris, moi je voulais rester avec Clara. J'avais gagné. Avec le divorce, mes parents ne pouvaient rien me refuser. Ma mère flippait que je prenne le métro toute seule à onze ans. Moi non. Enfin, c'était ce que je disais. En réalité je cre-

15   vais[4] de peur. Peur de me tromper[5]. Peur de la foule[6] aux heures de pointe[7]. J'avais la trouille[8] de disparaître. Je me sentais atrocement[9] petite. Alors je choisissais quelqu'un et je ne le quittais pas des yeux. Si la personne descendait avant moi, j'en choisissais une autre aussitôt. C'est comme ça que ça a commencé. J'ai écouté ce que les gens

20   disaient. Je n'étais pas toute seule dans le métro, j'étais toujours avec quelqu'un qui me parlait.

C'est un jeu que j'ai adoré. Les semaines où j'étais à Montreuil, le métro me manquait. C'est comme ça que j'ai commencé à rater les stations. À descendre trop tôt ou trop tard. J'étais tellement[10]

25   concentrée sur ce que racontaient les gens assis à côté de moi que je

---

1   s'engouffrer: sich hineinstürzen
2   prendre qn à la gorge: *hier* jdn im Hals, in der Kehle kratzen
3   Répu: *fam.* Place de la République (une station de métro)
4   crever: *ici* mourir
5   se tromper: sich täuschen, sich irren
6   la foule: grand nombre de personnes réunies en un endroit
7   les heures *f. pl.* de pointe *f.*: le moment où beaucoup de gens prennent le métro, p. ex. à cinq heures de l'après-midi (pour rentrer du travail)
8   avoir la trouille: avoir très peur *f.*
9   atrocement *adv.*: terriblement *adv.*
10 tellement *adv.*: ainsi, de la sorte, tant

suivais[1] tous leurs mouvements. Parfois je me retrouvais dans la rue avant d'avoir compris ce qui se passait ! Je redégringolais[2] à toute vitesse les escaliers et je me marrais[3].

Le soir, mon père rentrait plus tard que moi, j'en profitais. À Répu, plusieurs lignes se croisent, comme destination j'avais le choix entre Place d'Italie, Bobigny, Mairie des Lilas, Châtelet, Pont de Sèvres, Montreuil, Pont de Levallois, Galliéni, Créteil, Balard.

Mais je n'aimais pas décider, c'était toujours mieux quand le hasard[4] me guidait. Quand j'avais l'impression d'avoir été choisie.

Ce jour-là, lundi, lundi 19 juin, j'ai été choisie ?

---

1   suivre: (ver)folgen
2   redégringoler: hinunter stürzen
3   se marrer: *fam.* rire beaucoup
4   le hasard: Zufall

Sujets d'étude

A. Pendant la lecture

1. a) Qu'est-ce qu'on apprend sur la narratrice? Relevez les informations du texte dans un filet d'idées en considérant les catégories suivantes (et d'autres si vous le voulez): apparence physique, famille, amis, état d'âme, traits de caractère. Ensuite faites son portrait.
   b) Expliquez l'état d'âme de Cerise et jugez-le à partir des détails donnés dans le texte.
   c) Échangez vos idées avec un/une partenaire.

2. Regardez le plan de métro de Paris sur Internet et retrouvez la route que Cerise prend pour se rendre de son père chez sa mère.

3. a) Résumez les plans de Cerise et de Clara pour leurs vacances.
   b) Qu'est-ce que Cerise en pense?

4. a) Étudiez le comportement de la dame qu'observe Cerise dans le métro.
   b) Expliquez pourquoi les autres sans-abris mettent Cerise plus à l'envers que cette dame.

B. Après la lecture

1. Prenez la perspective de la dame dans le métro et imaginez ce qu'elle pense ou dit pendant le trajet.

2. a) En groupe, racontez une situation dans laquelle vous avez fait ou vécu quelque chose pour la première fois (p. ex. partir en vacances avec des ami(e)s, s'orienter dans une nouvelle école, etc.). Parlez aussi de vos émotions dans cette situation.
   b) Comparez vos émotions avec celles de Cerise qui traverse Paris seule pour la première fois.

Partie 2

*Messieurs dames, c'est le début de la semaine, le lundi matin personne
n'a envie de recommencer à travailler, moi je n'ai pas besoin de me
poser la question, du travail j'en ai pas, ça fait deux ans que j'en ai
pas, semaine ou week-end pour moi c'est pareil, j'ai les mêmes problèmes tous les jours, me nourrir[1] me laver trouver un coin[2] où dor-* 5
*mir ne pas me faire piquer les affaires[3] qui me restent, mon duvet[4]
pour l'hiver, ma paire de chaussures et la carte téléphonique qu'une
dame, une dame comme vous dans le métro, m'a donnée la semaine
dernière, avec la carte je peux appeler ma mère, ma mère se fait du
souci pour moi, elle est handicapée et elle est dans une maison[5] ma* 10
*mère, je ne vais pas la visiter parce que je ne veux pas qu'elle me voie
dans l'état où je suis, parce que l'été c'est bien messieurs dames pour
dormir dehors mais avec la chaleur on sent plus vite mauvais et les
douches publiques ça coûte de l'argent, et les foyers[6] ils vous acceptent
une fois sur deux parce qu'il y a trop de demandes, on choisit pas de* 15
*puer[7] messieurs dames, on choisit pas de mendier[8], ça fait deux ans
presque jour pour jour que je me suis retrouvé dans la rue, quand ma
mère est partie à l'établissement de santé, j'avais pas de quoi payer le
loyer[9], j'étais au chômage longue durée messieurs dames, maintenant
je ne suis plus nulle part[10], je ne suis plus rien du tout, pour le RMI[11] il* 20

1 se nourrir: se trouver qc à manger
2 le coin: *ici* la place, l'endroit *m.*
3 se faire piquer les affaires *f. pl.*: sich die Sachen klauen lassen
4 le duvet: die Decke
5 la maison: *hier* betreutes Heim (für Behinderte)
6 le foyer: Obdachlosenunterkunft
7 puer: sentir mauvais
8 mendier: betteln, schnorren
9 le loyer: l'argent qu'on paie (chaque mois) pour habiter dans un apparte-
    ment / une maison
10 nulle part *adv.*: nirgends
11 le RMI: Sozialhilfe in Frankreich

faut une adresse et j'en ai pas, l'été c'est trompeur[1] messieurs dames,
l'été vous croyez toujours que ça va s'arranger, que tout va aller mieux
et puis ça vous tombe dessus, les piqûres[2] de bestioles[3] qui s'infectent,
la rage de dents[4], la fièvre qui augmente à cause de la chaleur, le vin
5 *qui tourne dans le plastique, la bouffe avariée[5] piquée[6] dans les pou-*
belles des restos[7], l'été ça pardonne pas, messieurs dames, la chaleur
met tout le monde à cran[8], vous aussi elle vous met à cran, je le vois
bien, c'est le premier jour de la semaine et vous êtes déjà à cran, vous
n'avez qu'une envie c'est d'être déjà arrivés au bureau où y a la clim[9],
10 *mais dans la rue c'est autre chose messieurs dames, y a jamais la clim*
dans la rue, l'été la rue c'est l'enfer[10] messieurs dames, vous ne savez
pas ce que c'est rôtir[11] en enfer, comme disait le curé[12], quand j'étais petit
j'allais au catéchisme[13], pour que je sois bon plus tard, disait ma mère,
ça me sert à quoi aujourd'hui, dans la rue ça sert à rien messieurs
15 *dames, dans mon village à part quelques commerces, la salle de sport*
et l'église, rien, l'été on se mettait sous les arbres à côté de la fontaine,
enfoiré de village[14], je veux pas y retourner dans ce putain de bled[15], c'est
juste une illusion, j'ai compris ça quand je me suis retrouvé à Paname
l'été il y a deux ans, j'ai compris ma douleur comme disait ma mère, j'ai
20 *compris quand j'ai pris les premiers coups, vous voyez là sur le tibia[16]*

1 trompeur/-euse *adj.*: irreführend
2 la piqûre: Stich
3 la bestiole: *fam.* Tier(chen)
4 la rage de dents *f. pl.*: Zahnschmerzen
5 la bouffe avariée: *fam.* verdorbene Mahlzeit
6 piquer: *ici* chercher
7 le resto: *fam.* le restaurant
8 mettre qn à cran: jdn ans Messer liefern
9 la clim: *fam.* Klimaanlage
10 l'enfer *m.*: Hölle
11 rôtir: rösten, braten, schmoren
12 le curé: Pfarrer, Geistlicher
13 le catéchisme: l'instruction *f.* religieuse *adj.*
14 l'enfoiré *m.* de village: *vulg.* Scheißdorf
15 le putain de bled *m.*: *vulg.* Scheißdorf
16 le tibia: Schienbein

ce qu'elles m'ont fait les lames[1], et encore j'ai eu de la chance de pas les
prendre dans le bide[2], l'été la poisse empire[3], le couteau sort pour un
rien, pour une place à l'ombre, pour un verre de flotte[4], pour une parole
que l'hiver on n'aurait même pas relevée, l'été on a le sang[5] chaud et la
tête chaude, l'été on n'est plus soi-même, je hais[6] l'été messieurs dames, 5
et ça ne fait que commencer, avant le week-end c'était encore l'hiver, et
maintenant c'est l'été, l'été on dégouline[7] et on pue, cette nuit ils nous
ont chassés du parc où on dormait, y a que dans les parcs qu'il y a des
arbres et de l'eau et maintenant ils filtrent aussi les parcs les enculés[8],
excusez-moi messieurs dames je m'emporte[9] et ce n'est que le début de 10
la semaine, mais je crains l'été je le crains comme la peste, les pestifé-
rés[10] c'est nous, vous allez nous fuir encore plus que d'habitude, on va
puer encore plus que d'habitude, l'été les gens donnent moins, les gens
nous prennent encore moins au sérieux, ils pensent que c'est plus facile,
alors que c'est le contraire messieurs dames, l'été c'est l'enfer messieurs 15
dames, l'enfer.

Il a débité[11] tout ça d'un coup comme s'il ne pouvait plus s'arrêter
et quand il s'est arrêté il a regardé autour de lui un peu bêtement,
comme si ce n'était pas lui qui venait de dire tout ce qu'il avait dit,
comme si ça lui avait échappé[12]. Ses yeux parcouraient[13] la foule, il 20
avait du mal[14] à fixer son regard, ses yeux ricochaient[15] d'une per-

---

1 la lame: Klinge
2 le bide: *fam.* le ventre
3 la poisse empire: *hier* die Pechsträhne wächst
4 le verre de flotte *f.*: *fam.* le verre d'eau *f.*
5 le sang: Blut
6 hais → haïr: détester, abhorrer
7 dégouliner: *hier* vor Schweiß triefen
8 l'enculé/e: *vulg.* Arschloch
9 s'emporter: sich ereifern
10 le/la pestiféré/e: qn qui est infecté par la peste
11 débiter: herunterleiern
12 échapper: entrinnen, entschlüpfen
13 parcourir: überblicken, durchsuchen
14 avoir du mal: avoir des problèmes *m. pl.*
15 ricocher: abprallen

sonne à l'autre. Il cherchait quelque chose. Quelqu'un. Ou bien il
était tellement myope[1] qu'il voyait flou [2]. Il nous voyait noyés dans
la brume[3]. Ça fatigue de voir flou. Je le sais. Avant de porter des len-
tilles, j'avais du mal à regarder le tableau, et en sport, je ratais tout.
5   C'est Clara un jour qui m'avait dit, T'es drôle, Cerise, quand tu me
regardes, j'ai l'impression que tu ne me vois pas.

Lui il faisait ça, il papillonnait[4] avec ses yeux. Ses paupières[5]
se fermaient tout le temps, je l'avais remarqué pendant qu'il faisait son speech, j'avais noté qu'il clignait[6] tout le temps des yeux, il
10   n'avait pas assez de larmes, c'était ce que disait l'ophtalmologiste[7]
à maman, vous n'avez pas assez de larmes madame, et elle s'asper-
geait[8] régulièrement les yeux avec un petit flacon. Lui, je ne le voyais
pas du tout avec un petit flacon. L'imaginer sortir de la poche de son
jean pourri[9] un petit flacon en plastique transparent et se glisser
15   une goutte[10] dans chaque pupille, puis se tamponner[11] les yeux avec
un kleenex, non ce n'était pas possible, ça ne collait pas avec lui, et
pourtant il en avait sûrement autant[12] besoin que maman. Peut-être
même plus que maman. Ça m'a fait sourire, je ne le quittais pas des
yeux, et son regard s'est arrêté sur moi. Un instant, une seconde,
20   mais il m'avait vue, je savais qu'il m'avait vue, il m'avait vue, je souriais. Je ne lui souriais pas vraiment mais, après tout, oui, je lui souriais, j'avais envie de lui sourire, je lui souriais maintenant, mais déjà
il ne me regardait plus, il ne regardait plus personne.

---

1   myope *m./f. adj.*: kurzsichtig
2   voir flou: ne pas voir très clair
3   noyé/e *adj.* dans la brume: im Nebel ertrunken
4   papillonner: flatterhaft sein
5   la paupière: Augenlid
6   cligner: zucken
7   l'ophtalmologiste *m./f.*: médecin spécialisé des yeux *m. pl.* et de la vision
8   s'asperger (de l'eau *f.*): sich (mit Wasser) bespritzen
9   pourri/e *adj.: fam.* gammelig
10   glisser une goutte: hineinträufeln
11   se tamponner: abtupfen
12   autant *adv.*: ebenso viel

Il tendait sa main[1], il avait attaché une boîte de thon vide[2] à son poignet et la boîte vide tombait sur ses doigts[3] maigres. Je ne l'avais jamais vu sur la ligne, je m'en serais souvenue. Il était immense, avec une barbe et des cheveux hirsutes[4], il portait un grand sweat en coton noir avec l'inscription « *Be your friend* », et un jean troué aux genoux[5]. Aux pieds, il avait des tongs délavées[6], trop petites d'une pointure[7], au moins. Il devait chausser du 46[8], au moins. Il avait un beau visage sous sa barbe, des yeux verts, et s'il n'avait pas été si crade[9], on aurait cru un étudiant, comme le frère aîné de Clara, il avait les mêmes yeux verts que le frère de Clara, ces yeux qui font chavirer[10] les filles, dit Clara, mais lui il ne faisait chavirer personne, il passait au milieu des gens, et personne ne lui donnait, avec son discours il avait irrité tout le monde. Quand il parlait tout à l'heure il avait les yeux vides, il ne regardait personne, il regardait le vide, ses yeux verts étaient éteints[11], j'avais à peine[12] remarqué qu'ils étaient verts, et puis au fur et à mesure[13] qu'il s'était avancé dans l'allée centrale avec sa boîte, son regard s'était éclairé[14], et à la fin il était devenu fluo[15] son regard tellement il brillait. Il a fallu qu'il se fraie un chemin[16] au milieu de la foule, il y a trop de monde le matin dans le métro pour faire la manche[17], il a quand même voulu traverser la voi-

5

10

15

20

1	tendre la main: die Hand reichen, halten
2	la boîte de thon *m.* vide *m./f. adj.*: leere Thunfischdose
3	le doigt: Finger
4	hirsute *m./f. adj.*: struppig
5	troué aux genoux *m. pl.*: ein Loch an den Knien
6	des tongs délavées *f. pl.*: verwaschene Badelatschen
7	la pointure: Größe
8	chausser du 46: mettre des chaussures dont la pointure est 46
9	crade *m./f. adj.*: très sale *m./f. adj.*
10	chavirer les filles *f. pl.*: *hier* Frauen erobern
11	éteint → éteindre: erlöschen, verbleichen
12	à peine: kaum
13	au fur et à mesure: en même temps et successivement *adv.*
14	s'éclairer: devenir plus clair
15	fluo → fluorescent/e *adj.*
16	se frayer un chemin: sich einen Weg bahnen
17	faire la manche: *fam.* einen Durchgang bilden

ture, il a bousculé les gens sans jamais dire pardon, il s'est mis tout le monde à dos[1] ce type. Il a forcé la foule, à un moment on ne voyait plus que sa tête qui dépassait[2], et ses yeux qui devenaient toujours plus brillants, verts et tellement brillants.

Sujets d'étude

A. Pendant la lecture

1. À première vue, le texte des pages 18 à 20 diffère du reste. Qu'est-ce qui a changé?
2. Relevez toutes les informations sur l'inconnu dans le métro. Que dit-il sur lui-même? Que veut-il dire aux autres passagers?
3. a) Expliquez pourquoi Zyeux Verts pense que l'été, c'est l'enfer.
   b) Est-ce que l'hiver serait le paradis pour lui? Pourquoi (pas)?
4. a) Décrivez comment Cerise réagit face à l'inconnu.
   b) Et que font/pensent les autres passagers?

B. Après la lecture

1. En analysant aussi le style (syntaxe, ponctuation, choix des mots), étudiez le discours du SDF (pages 18 à 20).
2. a) Recherchez une image de l'inconnu sur Internet ou dessinez-le.
   b) Échangez vos créations en groupe.
   c) Justifiez votre choix personnel en vous référant au texte.
3. Recherchez sur Internet des informations sur les sans-abris en France. Combien y en-a-t-il? Comment vivent-ils? Quelles aides sont offertes? Par qui?
4. Rédigez le monologue intérieur d'un autre passager du métro: que pense-t-il/elle à propos de l'inconnu?

---

1 se mettre qn à dos *m.: expr.* sich jdn zum Feind machen
2 dépasser: être plus haut/e que les autres

Partie 3

Je ne veux rien oublier. Je veux me souvenir de chaque seconde et de l'expression de chaque visage, sinon[1] ça ne partira jamais. Pour que ça parte, faut que je laisse partir. Allez-y mes souvenirs, vous n'êtes pas des souvenirs, vous êtes vrais, vous êtes des faits, vous existez. Je vais vous donner un endroit où exister. Pas dans ma tête parce qu'il 5 n'y a pas la place, beaucoup de souvenirs déjà dans ma tête. Mon premier morceau de chocolat, quand j'avais barbouillé[2] mes joues[3] mes doigts ma jupe. Clara, quand elle est tombée de vélo et s'est ouvert le genou, ça pissait le sang. Maman, lorsqu'elle a eu la jaunisse[4], et son visage me faisait penser à une vieille pomme golden. 10 La tête du père Noël derrière la fenêtre chez papy et mamy[5] à Aix-en-Provence. Paris la nuit quand on a pris l'avion. Clara quand elle a débarqué[6] dans ma classe. Le regard de papa quand il m'a annoncé qu'il partait. Etc. Des souvenirs j'en ai déjà des centaines, et je vais en avoir de plus en plus. Ceux-là, ça va, ils sont à l'abri[7] dans ma 15 tête. Mais le souvenir, sur l'écran géant[8], celui que j'appelle le film-souvenir, il proteste. Il n'est pas bien dans ma tête. Il est à l'étroit[9]. Il ne supporte pas que d'autres souvenirs le recouvrent[10], il fait des vagues dans ma tête, il a besoin de place. J'empile[11], j'entasse[12].

---

1   sinon: sonst
2   barbouiller: verschmieren, beschmutzen
3   les joues *f. pl.*: deux parties du visage *m.*, à côté du nez *m.*
4   la jaunisse: maladie, dans laquelle la peau devient jaune
5   papy et mamy: les grands-parents
6   débarquer: *ici* arriver
7   être à l'abri *m.*: Zuflucht gefunden haben
8   l'écran géant *m.*: riesiger Bildschirm
9   être à l'étroit *m.*: in Bedrängnis sein
10   recouvrir: überdecken, verdecken
11   empiler: stapeln, aufschichten
12   entasser: empiler

Résultat, je suis toute serrée[1] dedans. Pourquoi ? Parle pas, dit maman. Autant me dire, reste enfermée, toute serrée avec tes larmes rentrées, les images qui s'enkystent, l'orage dans la tête, un volcan dans la poitrine[2].

1   serré/e *adj.*: dicht, eng
2   la poitrine: Brust

Il a refait le trajet en sens inverse[1] sans ralentir, et la boîte clique-
tait[2] quand elle heurtait le fermoir d'une sacoche[3] ou un bracelet de
montre, on s'écartait[4] pour le laisser passer, ce n'est pas qu'il sentait
mauvais, il sentait mauvais mais pas tant que ça [5], il sentait la poussière[6] et quelque chose d'un peu oppressant[7], mais il ne puait pas,   5
il n'y avait pas de quoi se boucher les narines[8], mais on s'écartait,
on lui faisait la place, peut-être on était impressionnés, tellement il
était grand, il touchait presque le plafond, une fois qu'il était passé,
des gens levaient la tête vers lui, on le regardait enfin mais il ne s'en
apercevait[9] pas, il se dirigeait vers la porte par laquelle il était entré,   10
d'un coup sec[10] il a fait glisser sa boîte vide à l'intérieur de la manche
de son sweat, et soudain[11], avant de sortir, il nous a regardés fixe-
ment, finalement il n'était peut-être pas myope du tout, il regardait
au fond de[12] nous, à mort[13] il nous regardait, et ses yeux devenaient
sombres[14], ses yeux n'étaient plus du tout verts, plus beaux du tout,   15
je n'aimais plus du tout ses yeux maintenant.

C'est moi qui étais vide maintenant, tellement son regard
m'épuisait[15], tellement il avait la haine[16] son regard, tellement il n'en
pouvait plus de nous. Moi non plus je n'en pouvais plus. Je n'ai plus
du tout envie de te regarder. Casse-toi[17] maintenant, casse-toi. Moi   20

---

1   en sens *m.* inverse: dans l'autre direction *f.*
2   cliqueter: faire «clic»
3   heurter le fermoir d'une sacoche: auf den Handtaschenverschluss schlagen
4   s'écarter: zur Seite weichen
5   tant que ça: *fam.* so viel
6   la poussière: Staub
7   oppressant/e *adj.: hier* miefig
8   se boucher les narines *f.pl.*: sich die Nasenlöcher verstopfen
9   s'apercevoir de qc: inne werden, gewahr werden
10   d'un coup sec: mit einem Schnapp
11   soudain *adv.*: tout à coup *adv.*
12   regarder au fond de nous: auf/an uns herabblicken
13   à mort: verbissen, mit scharfem Blick
14   sombre *m./f. adj.*: dunkel
15   épuiser: rendre fatigué/e
16   la haine ≠ l'amour *m.*
17   casse-toi: *fam.* Geh weg!

aussi je te déteste, je lui ai dit de toutes mes forces. Je ne savais pas pourquoi j'avais vraiment envie qu'il disparaisse maintenant.

Quand il est sorti et que les portes se sont refermées et que le métro s'est remis en marche, j'ai senti que ça se desserrait[1] dans
5 mon corps, j'ai même poussé une sorte de soupir, oui j'étais soulagée[2], ça ne s'était pas produit, cette fois encore ça ne s'était pas produit. J'étais très loin dans ma tête. Très très loin, si bien que quand la dame a parlé, je n'ai pas compris tout de suite que c'était à moi qu'elle parlait, Vous avez froid, vous, avec cette chaleur !
10 La phrase faisait des ricochets[3] dans ma tête, je pensais à ce que je pense souvent, et je revenais de loin, d'un endroit très profond, d'un endroit perdu, et puis j'ai vu mes bras. J'avais la chair de poule[4]. Il faisait une chaleur atroce[5], les gens tamponnaient leur visage avec un mouchoir, ils s'éventaient[6] avec le journal, le chemisier de la
15 dame à côté de moi collait à[7] ses seins[8], et moi j'avais froid.

---

1   se desserrer: sich lockern, entspannen
2   soulagé/e *adj.*: erleichtert
3   faire des ricochets *m. pl.*: Kieselsteine (übers Wasser) springen lassen
4   avoir la chair de poule: *expr.* Gänsehaut haben
5   atroce *m./f. adj.*: énorme *m./f. adj.*, terrible *m./f. adj.*
6   s'éventer: sich Luft zufächern
7   coller à qc: an etw. kleben
8   le sein: la poitrine

Sujets d'étude

A. Pendant la lecture

1. Cerise a développé une stratégie pour gérer son problème.
   a) Expliquez son idée: « Je ne veux rien oublier. Je veux me souvenir de chaque seconde et de l'expression de chaque visage, sinon ça ne partira jamais. Pour que ça parte, faut que je laisse partir. » (p. 24, l. 1–3)
   b) Jugez cette attitude, si possible à base de vos propres expériences.

2. Expliquez l'expression « le film-souvenir » (p. 24, l. 16–17) dans le contexte du roman.

3. a) Étudiez de façon détaillée l'apparition de l'inconnu dans le métro.
   b) Comment est-ce que Cerise réagit? Qu'est-ce qui a changé?

B. Après la lecture

1. Choisissez un des souvenirs de Cerise (cf. p. 27) et mettez-vous à la place de Cerise. Imaginez en quelques phrases l'épisode de sa vie relatif à ce souvenir.

2. À deux, racontez une situation qui vous a donné la chair de poule.

Partie 4

Au collège, j'avais fait sensation avec ma robe rouge.

Tous les garçons m'avaient regardée, les filles étaient jalouses. Clara avait sifflé[1] d'admiration. Même la prof de maths m'avait félicitée, cette robe te va à ravir[2], Cerise. Et moi, j'avais rougi !

5 C'est sûr qu'elle m'allait bien, elle s'accordait avec mes cheveux roux. Jusqu'ici je n'osais[3] pas, j'avais peur qu'on se moque de moi à cause de ce foutu[4] prénom, Cerise.

Je l'aimais bien mon prénom, même s'il m'en avait fait voir de toutes les couleurs depuis que j'allais à l'école. Je ne connaissais per-
10 sonne qui s'appelait comme moi, et ça me rendait très fière[5].

Rapport à l'histoire que m'avait rapportée mon père, genre conte de fées[6]. Ma mère avait rencontré mon père en ramassant[7] des cerises, ou plutôt en les volant sur un arbre qui appartenait au père de mon père. Elle avait dix-neuf ans. Mon père vingt. Il l'avait
15 menacée[8] d'une fessée[9] si elle ne redescendait pas immédiatement du cerisier[10]. Ça avait fait rire ma mère, mon père avait grimpé[11] dans le cerisier, et ils s'étaient embrassés.

Quand je suis née, ils m'ont appelée Cerise. Je me demande ce qu'ils auraient fait si j'avais été un garçon.
20 Le conte de fées s'était terminé onze ans plus tard.

---

1 siffler: pfeifen
2 elle te va à ravir: la robe te va très bien
3 oser faire qc: wagen etw. zu tun
4 foutu/e *adj.: fam. ici* mauvais/e, détestable *m./f. adj.*
5 fier/fière *adj.*: stolz
6 le conte de fées *f. pl.*: Märchen
7 ramasser: collectionner, prendre
8 menacer qn: jdn. bedrohen
9 la fessée: une série de coups donnés sur les fesses *f. pl.*
10 le cerisier: l'arbre *m.* qui porte des cerises *f. pl.*
11 grimper: klettern

Mon père ne faisait plus rire ma mère. Il ne grimpait plus aux arbres quand il la voyait.

Mais je m'appelais Cerise pour toujours.

C'était le soir où Clara venait avec moi chez mon père à Paris.

– Je ne peux pas venir chez toi ce soir.
   – Merde.
   – Ma mère s'est mis en tête de m'emmener chez le coiffeur.
5 J'ai regardé Clara, incrédule[1]. Depuis quand elle avait besoin de sa mère pour aller chez le coiffeur ?
   – Comme je traîne depuis des mois, elle a décidé d'y aller aussi et elle a pris rendez-vous pour toutes les deux.
   – Tu coupes ?
10 – Oui je crois, avec des mèches[2].
   J'ai fait la grimace.
   – Bon, sans mèches ! Tu n'as qu'à venir toi.

Je n'avais pas envie. J'avais envie d'enlever ma robe et de me remettre en jean.

15 – Je te file[3] un jean, a deviné Clara.

Je n'avais pas envie quand même, je ne savais pas trop pourquoi.

– Je peux venir dîner. Je vais demander à mon père.
   – OK.

Mon père a été d'accord. À condition que[4] je rentre avant la nuit.

20 On a mangé des tomates et des Häagen Dazs dans sa chambre.
   On a révisé, un peu.
   On a écouté de la musique. Lofofora, Garbage, John Frusciante, The Dandy Warhols, Camille, Franz Ferdinand.

---

1 incrédule *m./f. adj.*: ungläubig
2 la mèche: Strähne
3 filer: *fam.* donner
4 à condition que (+ *subj.*) *conj.*: unter der Bedingung, dass

Et un groupe de filles, Electrelane. On adorait. Clara voulait monter un groupe[1]. À la guitare elle se débrouillait[2]. Son frère jouait avec un batteur[3], un sax et un troisième aux claviers. Quelquefois elle se joignait à[4] eux.

Nous, on serait que des filles. Clara jouerait et chanterait. J'écrirais les paroles. Je chanterais aussi. Le reste, je savais pas. Je ne connaissais aucun instrument. Il faudrait d'autres filles.

Clara a essayé ma robe rouge. Elle ne lui allait pas du tout. Clara aimait le noir. Et le noir. Et c'est tout.

On a parlé. Clara surtout. En Espagne elle n'avait pas d'ordi[5]. Encore moins une webcam. Et Clara n'aimait pas écrire. J'ai dit que j'écrirais. Elle téléphonerait.

Deux mois sans se parler, c'est deux mois amputés, a dit Clara.

J'étais d'accord.

J'allais négocier[6] avec mon père pour qu'elle me rejoigne[7] en août en Bretagne.

Quand la fin de l'année scolaire approchait, on passait tout notre temps libre ensemble. On sentait qu'on allait être séparées, on prenait de l'avance, on faisait des réserves, on faisait le maximum de choses ensemble, on essayait de ne plus se supporter. On n'y arrivait pas.

---

1 monter un groupe: former un groupe
2 se débrouiller: auskommen, klar kommen
3 le batteur: qn qui joue de la batterie
4 se joindre à qn/qc: sich jdm./etw. anschließen
5 l'ordi: l'ordinateur *m.*
6 négocier: discuter, trouver un compromis
7 réjoindre qn: se rencontrer

On est restées un moment allongées[1] dans la chambre de Clara sans parler. J'aimais bien. Clara, le silence, ça l'inquiétait. Au bout d'un moment, elle finissait toujours par murmurer[2], Dis-moi quelque chose Cerise.

---

1 allongé/e *adj.*: liegend
2 murmurer: murmeln

Cette fois Clara, j'ai beaucoup à te dire. Beaucoup à dire. Tout. Même
si je ne voulais pas, le film-souvenir sur l'écran géant parlerait malgré[1] moi. Depuis ce jour-là, il est là dans ma tête, il me parle, il me
parle tout le temps. Il ne supporte pas que je zappe sur ses images, il
a besoin que chaque image existe complètement. Le film-souvenir [5]
ne veut pas rester là, bouclé[2] dans ma tête. Il est vivant, il est comme
moi. Je ne veux pas qu'il devienne moi. Il faut que d'autres le voient.
Si je le garde pour moi, c'est moi qui vais disparaître. Ce sera lui ou
moi. Chaque soir, quand je ferme les yeux, il est là. Il est très fort,
beaucoup plus fort que moi. Je ne peux pas chaque soir repasser le [10]
film tout entier, je ne vais jamais au bout[3], je m'endors avant, et la
nuit je me réveille en larmes. Je ne ferai jamais le poids[4]. Il faut qu'il
sorte de moi. Que je le montre. À toi, aux autres.

Je vais l'écrire, je vais donner des mots à chaque image, à chaque
sensation, à ceux qui étaient là ce jour-là et qui veulent qu'on leur [15]
rende leur nom. Chaque fois que quelqu'un lira, le film-souvenir
existera. Il n'aura plus besoin de moi. Il sera libre.

Moi aussi je serai libre. Il occupe tout mon temps, toute ma tête.
Je le connais par cœur[5], je dors avec, je me réveille avec, je mange
avec, je lis avec, je vais au ciné avec, j'apprends mes leçons avec, c'est [20]
toujours comme si j'étais accompagnée, comme si mon ombre[6]
était dedans au lieu d'être sur mes pas, j'ai envie d'être un peu tran-
quille maintenant, j'ai besoin de souffler[7], besoin qu'il me lâche[8]
maintenant, qu'il aille respirer ailleurs et qu'il me laisse respirer.

Et puis, j'ai envie qu'on s'occupe de moi. De moi, Cerise. Parce [25]
que tout le monde s'occupe de moi, mais c'est de lui qu'on s'occupe,
on s'occupe de moi à cause de lui. Tout le monde maintenant s'inté-

---

1   malgré: trotz
2   bouclé/e *adj.: hier* angeschnallt, verhakt
3   aller au bout: continuer jusqu'à la fin
4   faire le poids: *expr.* es aushalten können
5   par cœur *m.*: auswendig
6   l'ombre *f.*: Schatten
7   souffler: respirer
8   lâcher: laisser partir

resse à moi. Au bahut[1], ceux qui ne me calculaient même pas l'année dernière tournent autour de moi et me regardent comme si j'étais une apparition. J'ai envie qu'on s'occupe de moi pour moi. J'ai envie qu'on ne s'occupe plus de moi. Qu'on m'oublie. Oui, voilà, c'est eux
5   qui doivent oublier, pas moi. Oubliez-moi. On me surveille comme le lait sur le feu, comme si j'étais malade, comme si j'allais mourir. Je l'ai dit à maman, Arrête de me dorloter[2]. Je ne vais pas mourir. Tu vois bien, je ne suis pas morte. J'ai même eu mon brevet[3]. Je vais au lycée. Je prends le métro. Laisse-moi vivre. Et qu'est-ce qu'elle a fait,
10   elle s'est mise à pleurer. Et elle a appelé papa.

1   au bahut *m.: fam.* à l'école *f.*
2   dorloter: verhätscheln
3   le brevet: un diplôme scolaire

Sujets d'étude

A. Pendant la lecture

1. a) Expliquez l'origine du nom « Cerise ».
   b) Comment trouve-t-elle son nom?
   c) Connaissez-vous des personnes avec un nom inspiré par un événement ou un personnage?
2. Que font les deux filles pendant leurs vacances?
   a) Relevez une liste de leurs activités pendant la soirée décrite dans l'extrait de texte.
   b) Parlez avec un/une partenaire.
3. a) Relevez à partir de la page 34 le vocabulaire en rapport avec le thème « télévision » et arrangez-le en forme de filet de mots.
   b) Ajoutez d'autres mots que vous connaissez.
   c) Expliquez le film-souvenir de Cerise à l'aide de votre filet de mots.

B. Après la lecture

1. Recherchez les groupes de musique (cf. p. 31–32) sur Internet. Présentez sur une affiche d'où le groupe vient, depuis quand il existe, quel style de musique il représente, quels grands succès il a eu et d'autres informations intéressantes.
2. « Je l'ai dit à maman, Arrête de me dorloter … Et elle a appelé papa. » (p. 35, l. 7–10)
   Imaginez un dialogue plus positif entre Cerise et sa mère dans lequel elles trouvent une solution à leur problème relationnel.
   OU
   Imaginez le dialogue entre Cerise et son père après que la mère l'a appelé.
3. À la page 34, Cerise parle de sa liberté. Relevez ce que vous associez personnellement au mot « liberté »: Êtes-vous libre dans votre vie? Qu'est-ce qui vous restreint[1]?

---

[1] restreindre: limiter

Partie 5

Quand il a parlé, j'ai sursauté[1]. Je ne l'avais pas vu entrer. Je regardais les deux Africaines et j'essayais de comprendre ce qu'elles se racontaient. Un peu plus loin il y avait Momo et son copain. Et la dame âgée qui avait chaussé[2] ses lunettes pour lire *Le Monde*.

5   *C'est l'été messieurs dames, je hais l'été. L'été, les types comme moi sentent fort. Mais ils ne sont pas plus forts. Ah ah. Ah ah.*

Je me suis retournée sur son rire, mais j'avais déjà compris qui c'était.

C'était le soir maintenant, lundi soir, et il était là, de nouveau, 10 avec son sweat noir « *Be your friend* », ses tongs trop petites, ses cheveux dans tous les sens, et ses yeux verts. J'ai failli[3] lui sourire. Mais dans son rire, quelque chose m'en a empêchée[4]. Il riait trop fort. Il riait mal. C'est idiot Cerise, je me suis dit, on ne peut pas rire mal. Mais si, il riait mal. Ou plutôt son rire faisait mal. Il n'avait pas du 15 tout envie de rire et ça se voyait. Il était en colère. Ça se voyait dans ses yeux. Ses yeux brillaient étrangement. Il a bu, j'ai pensé. Mais quand il est passé près de moi et qu'il s'est penché[5] pour me parler, il ne sentait pas l'alcool.

Ce qu'il avait, je savais.

20   Je ne pourrais pas vous dire pourquoi mais je savais.

---

1   sursauter: springen
2   chausser: *ici* mettre
3   j'ai failli (sourire): ich hätte beinahe (gegrinst)
4   empêcher: (ver)hindern
5   se pencher: sich beugen

Je vais tout écrire, pour moi, pour toi Clara, pour maman, pour papa, pour tous ceux qui veulent savoir. Tout le monde saura d'un coup, tout le monde pourra en parler, tout le monde pourra avoir peur, avoir mal, être dégoûté[1], être horrifié, être choqué, et tout. Ce sera écrit noir sur blanc, plus personne ne se fera de films. Le film sera 5 là dans le livre, il y aura toutes les images, ceux qui veulent toujours tout savoir n'auront qu'à regarder. Je ne suis pas un cinéma ambulant[2]. Pas un monstre non plus, je ne suis pas une curiosité.

Je suis juste Cerise, le film est là dans le livre, vous pouvez le voir aussi bien que moi.   10

Enfin presque.

---

1 dégoûté/e *adj.*: angewidert, angeekelt
2 un cinéma ambulant: un cinéma qui voyage, qui est installé dans plusieurs endroits différents

Au début personne ne l'écoutait. Même moi. J'étais attirée par les deux femmes.

Je ne comprenais rien à ce qu'elles disaient, mais elles riaient. Je me disais, C'est bizarre, il y en a une qui a l'air[1] en colère mais
5   elle rit quand même. J'aimais leur voix[2], leur langue qui se précipitait[3], l'éclat des consonnes[4], les syllabes sonores[5]. Je me demandais d'où elles venaient, si elles parlaient le bambara, le wolof, le peul, le soninké[6], comme mes copines africaines au collège.

Elles riaient fort, de plus en plus fort. De grands rires aigus[7].
10   La vieille dame les regardait. Et les deux garçons aussi.

Je les trouvais sacrément séduisantes[8]. Le tissu chamarré[9] de leurs robes crevait les yeux[10]. J'ai pensé que ma robe rouge à côté, on ne la verrait même pas.

L'une d'elles avait un bébé enroulé dans son dos. Une petite fille
15   avec des tresses[11] minuscules. Les rires de sa maman la secouaient[12] dans tous les sens mais ça ne la réveillait pas.

Les garçons se poussaient du coude[13]. On sentait que ça leur filait les boules[14] qu'elles accaparent[15] l'attention. Ils se balançaient des trucs du genre :
20   – Les blacks ça rigole tout le temps.

– Ça va.

– Quoi, c'est vrai.

---

1   avoir l'air *m.*: aussehen, den Anschein haben
2   la voix: Stimme
3   se précipiter: sich überschlagen
4   la consonne (p. ex. b, c, d, f, g …) ≠ la voyelle (a, e, i, o, u)
5   la syllabe sonore: laute Silbe
6   le bambara, le wolof, le peul, le soniké: des langues africaines
7   aigu/aigüe *adj.*: schrill, hoch, spitz
8   sacrément *adv.* séduisant/e *adj.*: *fam.* verdammt verführerisch
9   chamarré/e *adj.*: décoré/e *adj.*
10   crever les yeux *m. pl.*: in die Augen stechen
11   la tresse: Zopf
12   secouer: schütteln
13   se pousser du coude: sich mit den Ellenbogen durchboxen
14   ça leur filait les boules *f. pl.*: *hier* es machte sie sauer
15   accaparer: monopoliser

Et puis y en a un qui a dit plus fort :

– On descend à la prochaine. L'autre là avec son baratin[1] il me gave[2] trop.

« L'autre » parlait, mais pendant quelques secondes on ne l'avait plus écouté, plus du tout.   5

Non on n'est pas forts, on n'est pas les plus forts, il a repris. On est nuls. On est des imbéciles, même pas heureux. Ah ah.

Son rire AIGRE[3] a stoppé net[4].

Quelque chose cloche[5], je me suis dit. Quelque chose ne va pas avec toi. Et je l'ai regardé bien en face. C'est là qu'il s'est approché, 10 qu'il s'est penché et qu'il m'a dit, *Toi je t'ai vue ce matin avec ta robe rouge.*

Et il a ajouté, *Tu crois que c'est malin[6] ?*

Et il a tapoté[7] son sac. Alors j'ai vu qu'il avait un sac. Une sorte de sac de sport. Il devait trimballer[8] ses affaires dedans. Les affaires 15 qui lui restent, j'ai pensé en me rappelant ce qu'il avait dit le matin.

Les femmes ne faisaient pas du tout attention. Elles continuaient à discuter joyeusement.

Je me suis tournée vers elles.

Il était nerveux, excité. Il m'a dépassée[9]. On n'était pas nom- 20 breux, sept en tout. Les garçons et moi, on venait de monter à Croix de Chavaux. C'est là que Clara habite et je l'avais quittée il n'y avait même pas dix minutes. Tu devrais rester dormir, insistait Clara.

---

1   le baratin: Geschwätz
2   gaver: *ici* énerver
3   aigre *m./f. adj.*: irritant/e *adj.*
4   stopper net: arrêter immédiatement, abruptement *adv.*
5   qc cloche: qc ne va pas
6   malin/maligne *adj.*: intelligent/e *adj.*
7   tapoter: frapper, tambouriner
8   trimballer: mitschleppen
9   Il m'a dépassée.: *hier* Er ist an mir vorbei gegangen.

Je n'ai pas pris de rechange[1], j'ai rétorqué[2]. Je te passerai une robe,
même si elle n'est pas aussi belle que ta rouge. Ou mon jean noir si
tu veux. Clara est un peu plus grande que moi, et j'aime bien mettre
ses jeans pour faire des revers[3]. Et son jean noir, sur les bottines ça
5 fait carrément[4] classe. Mais j'avais mes sandales plates et j'avais
envie de finir le livre commencé la veille[5] au soir. Non. Ce n'est pas
vrai. Ce n'était pas la vraie raison. J'avais envie de prendre le métro.
C'est rare que je prenne le métro le soir, toute seule. Il devait être
presque dix heures, la nuit allait tomber, papa m'avait fait promettre
10 de rentrer avant la nuit. Dans le métro, le soir, les histoires ne sont
pas les mêmes que les histoires de la journée.

Il s'est approché des deux femmes.
J'ai cru que.
Non, j'ai rien cru. Mais j'ai senti quelque chose se bousculer[6] dans
15 mon ventre. Je ne peux pas dire que c'était la peur. Mais il allait faire
quelque chose, c'était sûr. Aussi sûr que ce qui battait dans ma poitrine. Elles ne faisaient pas du tout attention à lui, et forcément ça
ne pouvait pas lui plaire. Moi j'avais fait attention à lui le matin, il
avait remarqué[7] que je l'avais remarqué.
20 Il s'est approché d'elles. Je ne sais pas pourquoi j'ai pensé qu'il
allait toucher le bébé, la petite fille. Je n'ai pas pensé qu'il allait la
frapper[8], non, absolument pas, j'ai pensé qu'il allait la toucher, qu'il
avait besoin de la toucher parce qu'elle dormait et que sa maman ne
faisait pas du tout attention, elle se marrait avec sa copine, elle se
25 penchait se relevait[9] se penchait à nouveau, et on aurait dit que le
bébé, derrière, elle l'avait complètement oublié. J'ai pensé qu'il allait

---

1 le rechange: des vêtements *m. pl.* pour se changer
2 rétorquer: répondre, objecter, protester
3 faire des revers *m. pl.*: die Hose umkrempeln, aufschlagen
4 carrément *adv.*: vraiment, simplement *adv.*
5 la veille: le jour précédent
6 se bousculer: sich tummeln, sich drängen
7 remarquer: comprendre, apercevoir, constater
8 frapper: schlagen
9 se relever: wiederaufstehen, *hier* sich wieder aufrichten

la toucher et que ce serait comme d'être sûr qu'elle était vraie. La petite fille était vraie et lui aussi. J'ai pensé ça, qu'il avait envie d'entrer en relation avec la petite fille. Et j'ai même pensé qu'elle allait ouvrir ses yeux et lui sourire. Je ne sais pas pourquoi. Je me fais des films, c'est sûr, comme dit maman.   5

Mais il est passé sans s'arrêter et il s'est planté devant la vieille dame. Il était à dix centimètres d'elle, debout[1], et il la regardait. C'était trop cette façon qu'il avait de rester devant elle et d'attendre. Même les deux blacks, elles avaient fini par se taire[2]. Les garçons chuchotaient[3] et le regardaient faire. Qu'est-ce qui allait se passer ?   10

La boule dans ma poitrine durcissait.

Il n'y avait pas de quoi. Ce n'étaient pas mes affaires. Clara se serait moquée de moi[4]. C'est tout toi, ça, elle aurait dit à mon oreille. Pourquoi tu t'inquiètes pour elle ? Je ne m'inquiète pas, Clara, c'est pas ça, je ne suis pas inquiète, mais elle ne peut pas faire semblant   15
de l'ignorer. Il peut rester là des plombes[5]. Clara hausserait les épaules[6], Qu'est-ce que t'en sais ?

Je le sais. Putain[7] je le sais. C'est comme ça. C'est en moi, je le sais. Je sais que je ne me trompe pas. Il va rester là tant qu[8]'elle ne lèvera pas la tête.   20

Est-ce qu'à sa place, j'aurais fait la même chose ? Pourquoi je ne me trompe pas ? Je ne me trompe jamais. Merde. J'aimerais bien me tromper. Ça me fatigue de tout sentir comme ça, de sentir la peur, le défi[9], la provocation, et l'attente. De sentir ce qu'il sent.

Il attendait.   25

1   debout ≠ assis/e *adj.*
2   se taire: ne plus parler, rester silencieux/-ieuse *adj.*
3   chuchoter: parler d'une voix douce, pas très fort
4   se moquer de qn: sich über jdn lustig machen
5   rester des plombes *f. pl.*: *fam.* rester pour toujours
6   hausser les épaules *f. pl.*: mit den Schultern zucken
7   putain: *vulg.* Scheiße
8   tant que *conj.*: solange
9   le défi: Herausforderung

Elle l'avait vu mais elle faisait comme si, elle ne voulait surtout pas répondre à sa provocation, et c'est pourtant exactement ce qu'elle faisait. Elle le provoquait de ne pas le provoquer. Les garçons étaient surexcités[1], ils arrêtaient pas de se balancer des vannes[2] et
5 de ricaner[3]. Les blacks avaient repris leur conversation, mais un ton plus bas, et elles ne riaient plus.

---

1 surexcité/e *adj.*: aufgeregt, überdreht
2 se balancer des vannes *f.pl.*: *fam.* se moquer, faire des blagues *f.pl.*
3 ricaner: hämisch lachen, albern kichern

Sujets d'étude

A. Pendant la lecture

1. Dressez un tableau à trois colonnes.
   a) Notez, dans la première colonne, ce qu'on apprend sur les actions de l'inconnu dans le métro.
   b) Dans la deuxième colonne, prenez des notes concernent la réaction de Cerise.
   c) Dans la troisième colonne, notez les réactions des autres passagers.
   d) Expliquez la phrase « Quelque chose cloche, je me suis dit. Quelque chose ne va pas avec toi. » (p. 40, l. 9–10).
2. Étudiez le changement d'atmosphère dans le métro lors de l'apparition de l'inconnu.
3. Analysez le style de la description de l'inconnu dans le métro (cf. p. 37–42). Considérez p.ex. la ponctuation ou le choix des mots.

B. Après la lecture

1. Rédigez une suite inventée de l'histoire après la phrase « Qu'est-ce qui allait se passer? » (p. 42, l. 10)
2. Comparez la vie de Cerise à celle de l'inconnu. Référez-vous aux mots « (…) la peur, le défi, la provocation et l'attente. » (p. 42, l. 23–24).

Partie 6

*M'sieu dames. J'voudrais pas abuser d'votre patience, mais j'ai faim,
j'suis pas clodo[1], j'suis pas ivrogne[2] mais j'ai rien pour m'habiller pour
manger pour dormir, alors si vous pouvez m'aider d'une pièce ou même
d'un sourire ou d'une cigarette, si vous avez la gentillesse m'sieu dames,*
5 *merci à tous, merci beaucoup et bonne semaine.*

La plupart s'en tenaient[3] là. Maladroits[4]. Agaçants[5]. Ou carrément
nuls.

*M'sieur dames. Je sais vous avez envie d'être tranquilles et je vous
empêche de lire votre canard[6], mais si je fais pas ça, m'sieur dames,*
10 *qui est-ce qui va nourrir ma famille, j'ai deux enfants en bas âge, et ma
femme est malade, et j'ai plus de travail, mais je ne baisse pas la tête
m'sieur dames, tout à l'heure je vais à l'ANPE[7] et j'irai tous les jours,
jusqu'à ce que je trouve du travail et je vais finir par en trouver mais
en attendant je suis bien obligé de passer parmi vous et si vous pouvez*
15 *m'aider d'un ticket-restaurant[8], d'un ticket de métro ou d'une pièce[9],
je vous en suis très reconnaissant et ma famille l'est aussi, vous aurez
permis à notre bébé de trois mois de boire du lait parce que ma femme
n'en a pas et vous savez ce que c'est un bébé, car je ne suis pas comme
certains m'sieur dames je ne veux pas que l'assistance sociale nous*

---

1 le clodo: *fam.* Berber (Obdachloser)
2 l'ivrogne *m./f.*: Säufer/in, Saufnase
3 s'en tenir: *hier* sich aufhalten
4 maladroit/e *adj.*: unbeholfen, ungewandt
5 agaçant/e *adj.*: äußerst verärgert
6 le canard: *ici fam.* le journal
7 l'ANPE *f.*: l'Agence Nationale Pour l'Emploi : l'office *m.* du travail, l'agence *f.*
pour l'emploi *m.* en France
8 le ticket-restaurant: Essensmarke
9 la pièce: la pièce de monnaie, p. ex. un euro

enlève notre bébé, ma femme ne veut pas, et je me battrai[1] pour que ça n'arrive pas, alors de tout cœur je vous remercie m'sieur dames, merci, merci, merci, merci.

Y en a qui causaient tellement bien qu'on hésitait[2] entre le rire et l'exaspération[3].

Je vous prie de bien vouloir excuser le dérangement[4], je sais que je ne suis pas le premier, malheureusement, ni[5] le dernier, hélas[6], et que vous avez autre chose à faire qu'à m'écouter, et que ce n'est facile pour personne de nos jours, mais votre bienveillance[7] et votre bonté[8] permettront[9] peut-être à un malheureux de ne pas coucher sous les ponts ce soir et lui permettront de se tenir propre et de laver ses vêtements à la laverie, et peut-être de manger un repas chaud, un steak frites, alors d'avance, messieurs mesdames mesdemoiselles, je vous exprime ma gratitude et vous souhaite le meilleur pour vous, vos proches et tous ceux que vous aimez.

Ladies et gentlemen, permettez-moi de vous déranger[10] quelques instants, je ne serai pas long, je sais que vous êtes trop souvent sollicités[11], et je m'excuse d'être le suivant sur la liste, mais j'ai perdu mon travail, cela va faire sept mois maintenant, et j'ai aussi perdu ma copine, et je n'ai plus de toit, mais je ne veux pas désespérer[12] et je fais tout pour

5

10

15

20

1	se battre: *hier* sich durchschlagen
2	hésiter: zögern
3	l'exaspération *f*.: Erbitterung
4	le dérangement: Störung
5	ni ... ni ...: weder ... noch ...
6	hélas *adv.*: malheureusement *adv.*
7	la bienveillance: Wohlwollen, Gewogenheit
8	la bonté: Gutmütigkeit
9	permettre: erlauben
10	déranger → le dérangement
11	sollicité/e *adj.*: belastet
12	désespérer: verzweifeln

rester digne[1] et convenable[2], alors messieurs dames si quelques-uns
d'entre vous veulent bien continuer à m'aider afin que[3] je puisse retrou-
ver du travail, je les remercie du plus profond de mon cœur et j'espère
que cela leur portera bonheur, car je ne souhaite à personne de passer
5 *par là où je passe, à personne messieurs dames. Je vous souhaite une*
belle journée, un excellent week-end et vous remercie messieurs dames.

Y en a qui larmoyaient[4] en tendant la main, d'autres qui vous regardaient comme s'ils allaient vous cracher[5] dessus, et d'autres qui
n'avaient plus rien dans le regard. Ceux-là, c'est ceux auxquels on n'a
10 jamais envie de donner, tellement ils nous dégoûtent[6], tellement ils
ressemblent à ce à quoi on ne voudra jamais ressembler, tellement
on a la honte[7] qu'ils aient la honte.

    Mais tous ils jouaient le jeu et nous aussi. Personne n'y croyait.
Mais c'était le jeu. Une façon de continuer, eux et nous, tellement
15 différents, tellement opposés. Ils demandaient, on donnait ou on
refusait. Ils redemandaient. Ailleurs[8]. Ça continuait. Ça continuerait
toujours ?

    Ma mère donnait ou pas, selon les jours. Mon père jamais. Il avait
décidé une fois pour toutes de cesser de donner. Il disait, On ne peut
20 pas donner à tout le monde. Alors pourquoi l'un plutôt que l'autre ?
Pour quelle raison ? Ma mère faisait au feeling[9], et j'aurais fait pareil[10]
si j'avais pu, parce que de toute façon il n'y a pas de raison à tout ça.
Ce n'est pas une question de raison. Il y avait des gens à qui j'avais
envie de donner, et d'autres pas. C'est comme ça, ça ne s'expliquait
25 pas, il y avait ceux que je sentais et ceux que je ne sentais pas, et je

---

  1   digne *m./f. adj.*: würdig
  2   convenable *m./f. adj.*: présentable *m./f. adj.*, correct/e *adj.*
  3   afin que (+ *subj.*) *conj.*: pour que (+ *subj.*) *conj.*
  4   larmoyer: se lamenter, se désoler
  5   cracher: spucken
  6   dégoûter: anwidern, anekeln
  7   avoir la honte: sich schämen
  8   ailleurs: autre part, loin, distant
  9   faire au feeling: intuitiv, nach Gefühl machen
 10   faire pareil: faire la même chose

me trompais sans doute[1], mais à part[2] écouter mon désir, je ne vois pas ce que j'aurais pu faire, c'était une question de hasard et d'élection en même temps, on apprenait ça en classe, qu'il n'y avait pas de sciences exactes, mais une combinaison d'éléments, dont une partie reposait sur la coïncidence ou la contingence[3], je ne me rappelle plus bien, mais ça m'allait, je comprenais tout à fait. Un matin j'étais montée dans le métro, j'avais vingt cents qui restaient de mon pain au chocolat, et, à la jeune femme qui passait en tendant son bonnet[4] rouge, j'avais donné mes vingt cents. Et j'avais même fouillé[5] dans mon sac pour voir si je n'aurais pas encore dix ou vingt cents qui seraient tombés au fond sous les cahiers, elle avait des cheveux blonds qui n'avaient pas dû être lavés depuis longtemps et un blouson tout déchiré[6], et des yeux bleu pâle[7], et les deux incisives[8] légèrement écartées[9], et ça lui faisait un sourire ébréché[10], et moi j'ai été atteinte au fond du fond de mon âme par son sourire ébréché quand elle a dit, *Bonjour, je sors de prison, j'ai volé de la bouffe[11] pour ma petite sœur, mon père nous bat, il boit, et maintenant il est à l'hôpital à cause de son foie[12], on a un peu la paix, mais il va sûrement en sortir un de ces quatre[13] et ça va recommencer, j'ai eu mon bac il y a deux ans, avant que j'aille en taule[14], maintenant personne voudra plus me donner du taf[15], alors je fais la manche en attendant de pouvoir emmener ma petite sœur à l'étranger, là-bas je trouverai du travail, je parle italien,*

1   sans doute *m.*: ohne Zweifel
2   à part: abgesehen von
3   la contingence: Lappalie, Belanglosigkeit
4   le bonnet: Mütze
5   fouiller: chercher
6   déchiré/e *adj.*: zerrissen
7   pâle *m./f. adj.*: blass
8   l'incisive *f.*: Schneidezahn
9   écarté/e *adj.*: abstehend
10   ébréché/e *adj.*: schartig
11   la bouffe: *fam.* qc à manger
12   le foie: Leber
13   un de ces quatre: *fam.* un de ces jours
14   aller en taule *f.*: *fam.* entrer en prison *f.*
15   le taf: *fam.* le boulot, le job, le poste de travail *m.*

ma mère était italienne, elle est morte quand ma sœur avait six ans,
si vous pouvez me donner un peu d'argent ou des tickets-restaurants,
ça me permet d'acheter à manger, et de payer la cantine de ma sœur,
merci à tous ceux qui comprendront, je ferai pas ça toute ma vie, vous
5 *savez.*

Et puis elle avait ajouté cette phrase incroyable, elle avait dit, *J'ai*
trop de fierté[1] *pour ça.*

J'avais fouillé mes poches, mon sac, mais j'avais rien que vingt
cents et je regrettais d'avoir mangé mon pain au chocolat, je ne
10 savais pas quoi lui donner, je voulais lui donner davantage, je voulais
lui donner quelque chose, quelque chose vraiment, pas ces foutus[2]
vingt cents misérables, j'avais envie de lui donner mes stylos, ma
trousse, pour sa sœur, elle, l'école c'était plus son truc, longtemps
qu'elle en était plus là, elle, elle était allée en taule, j'hésitais, le stylo
15 la trousse, à la fois c'était nul et c'était trop, c'était pas approprié[3],
je ne me sentais pas appropriée, j'avais envie de lui parler mais les
mots ne franchissaient[4] pas mes lèvres, je ne trouvais pas les mots
qu'il fallait. Je lui avais donné mes vingt cents sans même la regarder, elle non plus ne m'avait pas regardée, elle ne m'avait même pas
20 vue, elle regardait son bonnet, la monnaie qui tombait dedans, les
gens avaient un peu donné ce matin-là, et puis elle était sortie en
disant, *Je vous remercie beaucoup*, et j'avais le nez dans mes chaussures[5], je me sentais ridicule et lourde[6]. Ce que j'avais pu me sentir
lourde ce jour-là, j'étais dans une sale humeur, j'avais même rem-
25 barré[7] Clara qui me racontait son week-end à Caen, j'en avais rien à
foutre[8] de Caen et de la nouvelle petite amie de son frère qui habi-
tait Caen, j'étais déprimée et j'avais envie d'envoyer chier[9] tout le

---

1 la fierté: Stolz
2 foutu: *hier* mies
3 approprié/e *adj.*: angemessen
4 franchir les lèvres *f. pl.*: über die Lippen kommen
5 avoir le nez dans ses chaussures *f. pl.*: mit gesenktem Kopf
6 lourd/e *adj.*: schwer
7 rembarrer: abweisen
8 j'en avais rien à foutre: *fam.* ich hatte nichts damit zu schaffen
9 envoyer chier qn: *fam.* jdn zum Teufel schicken

monde, je trouvais que personne n'avait rien à dire, et que les cours
étaient mortels[1], et j'avais vraiment envie d'être méchante, alors à
l'interclasse j'avais dit à Clara, toi et moi on a des conversations de
bourgeoises, j'avais entendu ça souvent dans les discussions poli-
tiques des adultes, ils répétaient qu'ils votaient à gauche mais que   5
de toute façon avec leur appartement dans Paris, ils étaient des
petits-bourgeois et que depuis que la gauche appartenait aux petits-
bourgeois elle ne faisait plus le poids la gauche, et Clara et moi avec
nos Converse et nos MP3 on était des petites de petits-bourgeois, et
mon père avait raison jusqu'au trognon[2], la gauche rapetissait[3] de   10
génération en génération.

Puis la journée était quand même passée, j'étais malheureuse
comme tout, j'avais un cafard[4] monstre, Clara ne m'avait plus adressé
la parole[5], c'était lundi, alors, quand, à la fin du dernier cours, elle
m'avait demandé, Tu veux quand même que je vienne chez toi, là   15
enfin la pression[6] était tombée, j'étais contente qu'elle vienne, on
avait convaincu papa d'acheter des pizzas et on avait regardé un
film d'anticipation[7], puis, au lieu de[8] tirer le matelas[9] et de l'installer
à côté de mon lit, Clara avait dormi avec moi et c'était beaucoup
mieux comme ça.   20

---

1   mortel/le *adj.*: tödlich
2   jusqu'au trognon: *hier vulg.* bis ins letzte Detail
3   rapetisser: devenir plus petit/e
4   avoir le cafard: être déprimé/e
5   adresser la parole à qn: parler avec qn
6   la pression: Druck
7   le film d'anticipation *f.*: Zukunftsfilm
8   au lieu de: anstelle von, statt
9   le matelas: Matratze

Eh toi le gros, tu veux voir ce qu'il y a dans mon sac ?

Zyeux Verts, je l'appellerai Zyeux Verts maintenant, Zyeux Verts s'adressait à un homme dont je ne voyais que le dos, enfoncé[1] sur le dernier strapontin[2] près de la porte.

5 Aux autres, il n'avait rien dit. Il avait jeté un regard mauvais sur Momo et son copain, il était passé devant les blacks en haussant les épaules[3]. Momo avait dit, Putain fait chier ce mec et son copain avait répliqué, La ferme[4] Momo.

C'est comme ça que j'ai su qu'il s'appelait Momo. Mohammed 10 sans doute. Grand avec un tatouage[5] sur l'épaule droite, des biceps qui devaient soulever des haltères[6], un piercing sur l'arcade sourcilière[7] gauche. Son copain avait l'air tout frêle[8] à côté. Il devait bien faire vingt centimètres de moins, et il avait des tatouages sur les deux épaules. Je regardais Momo, son mètre quatre-vingts, son tee-15 shirt blanc qui illuminait la peau très brune de son corps et maintenant il glissait une cigarette entre ses lèvres. Je n'aimais pas les tatouages.

Ouais alors tu regardes dans mon sac, enfoiré[9] ?

Le ton montait, j'ai essayé de comprendre ce qui se passait. Zyeux 20 Verts poussait le type qui ne disait rien, c'est vrai qu'il était gros, son ventre passait par-dessus la ceinture de son pantalon, il portait une sacoche[10] à l'épaule, et la sueur[11] collait sa chemise sur son ventre.

Je te cause[12], nom de Dieu, je te cause.

---

1 enfoncé/e *adj.*: eingesunken
2 le strapontin: Notsitz
3 hausser les épaules *f. pl.*: mit den Schultern zucken
4 La ferme: *fam.* Halt/Haltet den Mund oder die Klappe
5 le tatouage: Tattoo
6 soulever les haltères *f. pl.*: Hanteln heben
7 l'arcade sourcilière *f.*: Augenbrauenwölbung
8 frêle *m./f. adj.*: gebrechlich, rank, zart
9 l'enfoiré/e: *péj.* Arsch, Hammel, Wichser
10 la sacoche: le sac à main
11 la sueur: Schweiß
12 je te cause *fam.*: je te parle

Voilà c'était le jeu et lui il avait l'air d'y croire.

Ce matin, je suis sûre qu'il y croyait.

Mais ce soir je ne savais pas. Est-ce qu'il voulait vraiment qu'on joue à son jeu ? Et c'était quoi, maintenant son jeu ? C'était encore un jeu ? Il changeait les règles tout le temps. On avait du mal à suivre. Mais c'était peut-être ça la règle, qu'on ait du mal à suivre parce qu'on n'était pas foutus de comprendre. C'est vrai qu'on ne pouvait pas comprendre. Même la fille qui sortait de taule, on ne pouvait pas comprendre, c'était pas possible qu'il n'y ait personne, personne au monde, pour l'aider, une tante, une voisine, une copine, la mère d'une copine. Je n'arrivais pas à croire qu'elle était toute seule avec sa petite sœur, j'avais réfléchi toute cette foutue journée après l'avoir vue dans le métro le matin, et je me répétais sans cesse[1], c'est pas possible. Mon père et ma mère avaient beau[2] m'expliquer que c'était possible, qu'il y avait des gens seuls, totalement seuls et abandonnés, et que personne aidait personne, je ne voulais pas le croire, je ne voulais pas voir le monde comme ça.

Sujets d'étude

A. Pendant la lecture

1. a) Exposez ce qu'on apprend sur les circonstances de la vie de l'inconnu et de sa famille.

   b) Comment se sent-il dans de telles conditions de vie?

2. a) Résumez l'histoire de Cerise et la jeune femme dans le métro.

   b) Puis expliquez pourquoi elle était déçue et même déprimée lors de la rencontre.

   c) Décrivez comment cet incident affecte sa vie personnelle.

3. Expliquez ce que Cerise veut dire en parlant du jeu des sans-abris (p. 47, l. 13).

B. Après la lecture

1. Cerise appelle l'inconnu « Zyeux Verts ». Est-ce que c'est un bon choix? Pourquoi (pas)?

2. Discutez avec un/une partenaire: Est-ce que vous avez déjà soutenu un/plusieurs sans-abri(s)? Comment? Pourquoi (pas)?

3. Recherchez sur Internet le soutien que votre ville/région offre aux sans-abris. Présentez les résultats devant la classe.

Partie 7

Bonsoir messieurs dames, je ne viens pas une énième fois[1] vous récla-
mer de l'argent, je ne mendie pas messieurs dames, mais je voudrais
que vous m'écoutiez, il y a trois mois, j'étais comme mes copains, parce
que c'est mes copains ceux qui vous enquiquinent[2] toute la journée,
j'avais pas de boulot[3], j'avais pas de maison, j'avais pas de quoi manger 5
ni me laver, je dormais en foyer[4] ou dehors. Oui ça arrive, ça arrive à
tout le monde et ça m'est arrivé. Pendant une année j'ai vécu comme
eux, ceux qui font la manche, les sans-abri, les SDF[5], les clodos, les
pauv'types[6], les malheureux, les misérables, ceux qui sentent mauvais,
les poivrots[7], les salauds[8]. Parce que c'est ce qu'on finit par dire, on 10
mélange tout et tout se mélange, on distingue plus le faux du vrai, vous
le savez aussi bien que moi, tout le monde dans le même paquet, les
bons d'un côté et les mauvais de l'autre, c'est la loterie, le jeu de la vie si
vous voyez ce que je veux dire.

C'est vrai que boire un coup[9], sur le moment, ça aide, et quand on 15
n'a plus rien messieurs dames on fait pas trop de manières[10] pour s'en-
dormir le soir. Oublier c'est ça qui reste à ceux qui n'ont plus rien. Mais
je peux vous dire qu'avant que le jour se lève, on se souvient de tout,
quand on a faim et froid. Bon, ce que je veux que vous sachiez c'est que
ça peut arriver à tout le monde, ça m'est arrivé et j'en suis sorti. Voilà, 20
on peut s'en sortir aussi et je suis là pour témoigner[11]. J'ai retrouvé du

---

1 une énième fois: ein xtes Mal
2 enquiquiner: *fam.* lästig fallen
3 le boulot: *fam.* le poste de travail, le job
4 dormir en foyer *m.*: im Wohnheim übernachten
5 le/la SDF: le/la sans domicile fixe
6 les pauv'types *m. pl.*: les pauvres *m. pl.*
7 le poivrot: *fam.* Schluckspecht, Schnapsdrossel
8 le salaud: *fam.* Schwein, Mistkel
9 boire un coup: *fam.* einen heben
10 faire des manières *f. pl.*: sich zieren
11 témoigner: bezeugen

*travail et depuis un mois j'ai une chambre, un lit et un frigo[1]. Mais je
ne travaille pas le samedi et j'ai décidé chaque samedi de venir vous
parler. J'ai décidé d'être avec mes collègues, mes copains, mes potes,
mes amis, parce que j'en suis sorti, mais eux ils sont toujours dans la*
5 *même merde, et je ne vais pas les laisser tomber. Et je ne vais pas vous
laisser tomber[2] non plus. Je veux vous dire que ça ne sert pas à rien ce
que vous faites, contrairement à ce que vous croyez. Et ce qu'on fait ne
sert pas à rien non plus. Ça aide à survivre. Ouais[3], ça vous en bouche
un coin[4] ce que je vous dis, mais c'est dans les deux sens, ça aide à tenir*
10 *le coup[5], à passer la journée, à s'acheter un bout de fromage et de pain
et un litron[6], à aller prendre une douche, tout ce que vous savez déjà, ça
aide à pas avoir envie de castagner[7] le premier con[8] venu qui vous jette
un regard méprisant[9] ou qui se détourne parce que vous n'avez pas pu
vous laver depuis deux jours. Parce que des coups on en prend plus que*
15 *ce qu'on en donne, messieurs dames, et de tous les côtés on en prend, et
c'est pas seulement physique, alors de temps en temps on a sacrément[10]
envie d'en donner, et parfois c'est un petit sourire, comme celui de la
jeune fille par exemple, qui vous fait passer à autre chose, qui vous
apaise l'humeur[11]. Je ne vous fais pas le coup du sentiment non plus, il*
20 *y a des jours où on n'a pas envie de faire l'effort, on a juste envie que
vous ouvriez votre porte-monnaie et on a surtout pas envie de parler,
et de dire merci, merci on se demande à quoi et pourquoi on dit merci,
j'espère que vous comprenez un peu, on n'est pas si loin quand on est
de l'autre côté, et maintenant que je suis repassé de votre côté à vous,*
25 *que je pourrais être assis au lieu d'être debout, que je suis bien rasé, que*

---

1 le frigo: *fam.* Kühlschrank
2 laisser tomber: oublier, quitter
3 ouais: *fam.* oui
4 en boucher un coin à qn: *fam.* surprendre qn, étonner qn
5 tenir le coup: durchhalten, aushalten
6 le litron: *fam.* le litre de vin
7 castagner: *fam.* verdreschen
8 le/la con/ne: *fam.* l'idiot/e
9 méprisant/e *adj.*: verächtlich
10 sacrément *adv.*: vraiment *adv.*
11 apaiser l'humeur *f.*: schlechte Laune zerstreuen

j'ai un pantalon et une chemise nickel chrome, que vous ne voyez pas la différence, je sais que vous m'entendez mieux qu'avant, et c'est pour ça que j'ai envie de témoigner, y a pas de destin du malheur mais y a pas de nécessité non plus.

Lui, il nous avait scotchées[1]. Clara était avec moi. C'était un week-end et on avait décidé de le passer ensemble pour préparer un exposé. Le samedi après-midi on était allées à la bibliothèque. La grande bibliothèque. Je l'adore. Avec les tours et le grand cinéma à côté. C'est sur la ligne 14 quand on allait à la TGB[2] qu'il était entré.

Tout le monde était scotché. Tout le monde s'était tu[3] dans le métro, tout le monde le regardait, à la fin certains avaient applaudi et sorti leur porte-monnaie, ils voulaient donner à tout prix pour les autres, pour tes copains ils disaient, mais il avait refusé, il avait ajouté, *Je voulais juste parler parce que c'est facile pour moi, tout est plus facile pour moi*, et je crois qu'il avait pensé comme moi, que certains avaient sorti leur porte-monnaie par réflexe, ils ne l'avaient pas écouté vraiment, mais ce n'était pas grave parce que leur nombre était infime[4], parce que c'était une minorité.

– Tu aurais fait ça toi ? m'avait demandé Clara.

– Je ne sais pas.

– Il est gonflé[5] ce type.

– Bof pas tellement.

– Moi je trouve qu'il a du courage.

– Pas moi. Il a réfléchi. Mais du courage, c'est avant qu'il en avait.

– Je ne suis pas d'accord. Pour se rappeler toute cette merde, pour recommencer à venir ici, dans le métro, là où il s'est fait chier[6] pendant des mois, pour venir et causer, il faut du courage. Je crois que moi à sa place, j'aurais qu'une envie, c'est oublier.

---

1 scotcher: *fam.* étonner, surprendre
2 la TGB: la Très Grande Bibliothèque
3 tu → *participe du verbe* se taire: schweigen
4 infime *m./f. adj.*: très petit/e *adj.*
5 gonflé/e *adj.: fam. hier* dreist, frech
6 se faire chier: *fam. ici* s'ennuyer

– Pas moi, j'avais dit. J'aurais pas oublié. Je ne sais pas si j'aurais pensé à faire ça, mais je trouve que c'est assez logique finalement.

On n'avait plus parlé pendant un moment, et puis Clara avait conclu:
– Je ne vais plus les regarder pareil[1], les autres, maintenant.

5 Elle avait raison Clara. Enfin, pendant quelques semaines. Parce qu'on était plus habitués[2] à eux qu'à lui. Et quand on est trop habitués, on ne voit plus rien, on ne voit plus personne. On voit ce qu'on a l'habitude de voir.

Mais c'est vrai qu'on y pensait souvent à ce type.

10 Y a pas de destin du malheur.

Y a pas de nécessité non plus.

Quand on se disait ça, avec Clara, après on se souriait.

Et on se sentait soudées[3], encore plus, ces jours-là. On se sentait hyper fortes. Personne n'aurait pu s'en prendre à nous[4] ces jours-là.

---

1 pareil/le *adj.*: gleich
2 être habitué/e à qn/qc: an jdn/etw. gewöhnt sein
3 soudé/e *adj.*: *hier* zusammengeschweißt, verbunden
4 s'en prendre à qn: sich mit jdm anlegen

Zyeux Verts criait maintenant. Momo et son copain chuchotaient dans mon dos[1]. Soudain la petite fille s'est mise à pleurer. Sa maman a essayé de la faire taire en chantant une chanson, mais le cœur n'y était pas[2].

Quelque chose ne va pas avec toi, pas du tout. Je l'ai pensé très fort. Il avait empêché le gros de bouger[3] et l'avait poussé avec son sac. Le gros s'était affaissé[4] sur son siège sans protester. Zyeux Verts étincelait[5]. Les mots se précipitaient sur ses lèvres, il éructait[6] de malheur et de colère. Il se tenait au milieu de l'allée et avait fait glisser son sac en travers de sa poitrine.

L'été ça vous plaît hein ? Tu transpires salement[7] le gros, tu vas sentir mauvais, tu vas sentir comme moi tu sais dans pas longtemps. Si tu sors pas vite de ce métro, tu vas puer. C'est l'enfer l'été. Tu le sais pas mais c'est ça l'enfer. Moi je sais et ça fait que commencer et j'en ai ras le cul[8]. Ça fait deux étés que je vis l'enfer. J'en vivrai pas un troisième je te dis. Tiens regarde.

Il a secoué sa manche[9] et la boîte a giclé[10], vide.

J'ai eu cinq euros quinze aujourd'hui. Cinq euros quinze de toute cette putain de journée. Un sandwich et une bière. Et plus rien.

Il claquait ses doigts contre la boîte qui rendait un son plaintif[11], irritant.

J'ai soif, je crève de soif. L'été y a que la bière qui m'apaise[12]. Cinq euros quinze. Ah ah ah ah ah.

---

1   chuchoter dans le dos de qn: hinter jemandes Rücken tuscheln
2   le cœur n'y était pas: das Herz war nicht richtig dabei
3   bouger: bewegen
4   affaisser: niederdrücken
5   étinceler: funkeln, blitzen
6   éructer: hervorstoßen
7   salement *adv.: hier* beaucoup, très
8   j'en ai ras le cul: *fam.* die Nase voll haben
9   sécouer la manche: den Ärmel (aus)schütteln
10 gicler: *hier* wegschleudern
11 plaintif/-ive *adj.*: klagend
12 apaiser: besänftigen

Il a renversé la tête et son sac a tremblé[1] sur sa poitrine. Il sem-
blait à moitié vide son sac. À la station suivante, personne n'est
monté. Les garçons ne sont pas descendus, Momo mâchouillait[2]
sa clope[3] et son copain avait planté la sienne derrière l'oreille. J'ai
5 pensé à mon grand-père qui faisait toujours ça et disait, C'est un
geste d'ouvrier[4] et de marin[5]. J'ai pensé qu'on serait bientôt au mois
d'août et qu'on irait ensemble ramasser les coquillages[6] après la
marée[7] du matin.

Et maintenant je vais boire quoi ? Et manger ?

10 *J'ai faim.*

Zyeux Verts hurlait[8]. Je me suis demandé si c'était pas pour de
rire, s'il ne jouait pas la comédie, il y en a des fois qui jouent un rôle,
ils jouent tellement bien qu'on y croit, on rit avec eux on tremble
avec eux on retient son souffle[9], et puis d'un coup ils arrêtent de
15 jouer. Lui il gueulait[10] et ça n'avait pas l'air d'être du cinéma. À force[11],
il me filait la trouille[12]. J'ai cherché dans mes poches. J'avais une pièce
de deux euros, j'ai décidé de la lui donner. Mes parents me disaient
tout le temps, Arrête Cerise, tu ne gagnes pas ton argent, tu n'en
as pas de trop, tu ne peux pas prendre le malheur du monde sur
20 tes épaules, si tu commences à donner c'est sans fin. Moi ça m'arrivait de craquer[13], surtout quand ils jouaient de la musique, il y en a
qui jouent vraiment bien, et moi la musique, ça me fait fondre[14], ils
jouent n'importe où, dans les courants d'air, dans le froid, au milieu

---

1   trembler: zittern
2   mâchouiller: kauen
3   la clope: *fam.* la cigarette
4   l'ouvrier/-ière: le/la travailleur/-euse
5   le marin: le navigateur sur un bateau
6   le coquillage: Muschel
7   la marée: Ebbe und Flut
8   hurler: crier
9   retenir son souffle: den Atem anhalten
10 gueuler: crier, hurler
11 à force: auf Dauer
12 filer la trouille: *fam.* Muffensausen bekommen
13 craquer: *hier* schwach werden
14 fondre: schmelzen, weich werden

du brouhaha[1], personne ne les écoute, ils jouent quand même, pour eux peut-être, eux ils écoutent quelque chose, et ils jouent, ils jouent. Et puis tout travail mérite[2] salaire, je pense souvent à la phrase de mon grand-père, celui qui met la cigarette derrière son oreille, d'abord il la roule, après il la glisse derrière son oreille.   5

Je veux manger.

Zyeux Verts hurle et moi je regarde mes deux euros, et je veux lui donner, je veux lui donner pour qu'il arrête de crier, qu'il arrête son regard fou, je veux qu'il se taise, qu'on arrive, je veux sortir du métro et me retrouver à l'air libre. Je veux voir la nuit éclairer Paris.   10 La petite fille pleurait plus fort. Chaque fois que Zyeux Verts gueulait, elle recommençait à pleurer.

Je ne veux plus l'entendre pleurer et je ne veux plus entendre crier. Je veux que le silence revienne.

---

1   le brouhaha: Stimmengewirr, Chaos, Getöse
2   mériter: verdienen, wert sein

Quand j'étais gosse[1], j'ai pris mon temps pour parler.

À seize mois, je marchais. Je détestais me traîner à quatre pattes[2]. Je disais maman papa, je prononçais toutes les lettres, je ne zozo-tais[3] pas sur Cerise. À la crèche[4], je faisais tous les jeux d'orienta-
5 tion, je mettais les ronds dans les ronds et les carrés dans les carrés. J'attrapais les ballons. Je ne suçais[5] pas mon pouce[6]. Je ne pleurais pas quand ma maman partait.

Je n'étais pas une petite fille modèle.

Si on m'embêtait, je disais, Va-t'en, et c'est le garçon ou la fille, en
10 face, qui pleurait.

Je disais le minimum de mots. Je parlais avec les yeux.

Tu avais un regard noir, dit ma mère, un regard qui faisait trem-bler.

Quand on me grondait[7], je faisais le même regard et je ne regret-
15 tais jamais ce que j'avais fait.

J'ai su lire avant la dernière année de maternelle[8], et l'instit[9] a proposé que je saute une classe[10].

La psychologue scolaire a refusé parce que je ne parlais pas assez, elle disait que je ne participais pas à la vie de la classe.

20 Je parlais juste ce qu'il fallait.

Mais ses questions à la con[11], je n'ai pas voulu y répondre. Ça l'a vexée[12], j'ai fait mon année supplémentaire de maternelle, et comme

---

1 le/la gosse: *fam.* l'enfant *m./f.*, ici plus jeune *m./f. adj.*
2 se traîner à quatre pattes *f. pl.*: utiliser les mains et les jambes pour aller d'un endroit à un autre comme le font les petits enfants
3 zozoter: lispeln
4 la crèche: Kinderkrippe
5 sucer: lutschen
6 le pouce: le plus gros des doigts
7 gronder: (be)drohen
8 la maternelle = Kindergarten im fr. Schulsystem für drei- bis sechsjährige
9 l'instit: l'instituteur/-trice *m./f.*: Grundschullehrer/in
10 sauter une classe: *fam.* eine Klasse überspringen
11 à la con: *vulg.* etwa zum Teufel
12 vexer: blesser

je m'ennuyais, pendant que les autres ânonnaient[1] leur alphabet, je lisais en suivant chaque mot de mon doigt.

En primaire, je n'aimais pas parler mais j'aimais dire les poésies. À la récré, je jouais à la marelle[2] et à l'élastique[3], quand je gagnais je me taisais, quand je perdais, aussi.   5

Les mots dansaient dans ma tête, les mots que j'avais lus dans les livres, et ils me faisaient la conversation. Penser aux mots dans ma tête me suffisait.

Je voulais bien raconter les histoires que j'avais lues, ou lire à voix haute. Ce qui ne branchait[4] pas du tout mes copines de classe.   10

Sur la demande de la directrice d'école, ma mère m'avait emmenée voir une psychologue. J'avais refusé de rencontrer celle qui m'avait fait redoubler.

Une femme âgée m'a fait entrer dans une pièce ovale au quatrième étage d'un bel immeuble.   15

Elle m'a demandé, De quoi as-tu envie de parler ?

De l'endroit où vous habitez, j'ai dit. Elle a souri et m'a tout raconté, l'architecture de l'immeuble, le style (haussmannien, de Haussmann, architecte), j'ai posé des questions, elle a répondu à tout, et elle m'a fait visiter son appartement.   20

À la fin elle m'a dit, Tu n'as aucun problème avec la parole, n'est-ce pas ? Tu parles seulement si ça t'intéresse.

J'ai hoché la tête en lui décochant[5] un immense sourire.

Et puis, Clara est entrée dans ma vie. J'étais en CM2[6].

---

1 ânonner: herunterleiern
2 jouer à la marelle: Hinkespiel (auf dem Schulhof)
3 jouer à l'élastique *m.*: Gummitwist spielen
4 brancher: *fam.* antörnen, anmachen, interessieren
5 décocher: auspacken
6 CM2: Cours Moyen Deux (entspricht etwa der fünften Grundschulklasse)

Clara arrivait d'Espagne. Elle faisait des fautes d'orthographe, et quand on le lui faisait remarquer, elle répondait une vacherie[1] en espagnol.

Elle avait un foutu caractère et ça nous a rapprochées.

5 Tu m'apprends l'espagnol et je t'explique l'orthographe. Ça marche, elle a dit et on est devenues inséparables. Clara détestait lire, mais adorait que je lui raconte. Quand ce n'était pas clair, elle me posait des questions en espagnol. Je faisais exprès de[2] m'embrouiller[3] pour qu'elle parle en espagnol. C'est devenu un jeu entre 10 nous, j'adorais l'entendre parler dans sa langue, une autre langue, je ne comprenais pas tout, je devinais aux inflexions de sa voix[4], quand les phrases montaient ou descendaient. Quand elle parle en espagnol, elle a une autre voix, une voix plus grave, plus sourde[5]. Je racontais un bout d'histoire en français, elle continuait en espa15 gnol, je prenais le relais[6], à la fin notre histoire était complètement inventée.

C'est comme ça que le mouton du *Petit Prince* est devenu un *carnero*[7], ça m'a fait penser à carnivore[8], et du mouton j'ai fait un loup[9], et la rose que le Petit Prince chérit[10] est devenue rouge comme le 20 Petit Chaperon[11], et vu que le renard[12] en espagnol se dit *zorro*, Zorro sauve[13] le Petit Prince du Serpent, et Antonio, l'auteur du *Petit Prince*, le pose sur son cœur pour le ramener sur terre, vous vous rappelez certainement que le Petit Prince était vraiment tout petit, désormais le Petit Prince vit dans le cœur d'Antonio, et c'est avec les

---

1 la vacherie: Gemeinheit
2 faire exprès de faire qc: etw. absichtlich tun
3 s'embrouiller: *hier* sich versprechen
4 les inflexions *f. pl.* de la voix: Tonfall der Stimme
5 sourd/e *adj.*: dumpf
6 prendre le relais *m.*: Staffelstab übernehmen, *hier* weitermachen
7 le carnero: *espagnol* Hammel, Widder
8 le carnivore: Fleischfresser
9 le loup: Wolf
10 chérir: adorer, aimer
11 le Petit Chaperon (Rouge): Rotkäppchen
12 le renard: Fuchs
13 sauver qn: retten, erlösen

yeux de son ami qu'Antonio regarde le monde, c'est exactement ce que dit le Petit Prince, « on ne voit bien qu'avec le cœur ». Et il dit aussi cette phrase, « l'essentiel est invisible pour les yeux », et cette phrase, c'est ma phrase, je vois ce qui ne se voit pas, je le vois et ça crève les yeux[1].

---

1   crever les yeux *m. pl.*: *hier* in die Augen springen, auffallen

C'est bientôt les vacances ? Vous allez voir la mer ? Je sais pas nager.

Quand il a dit ces mots, je sais pas nager, sa voix est tombée, et j'ai cru qu'il allait pleurer.

Pendant quelques secondes, il n'a plus eu l'air de savoir où il se
5 trouvait, il s'est assis sur la banquette, il était tout tassé[1], tout cassé[2].

Il est resté un moment sans rien dire.

Je pensais à son village, à la fontaine sur la place du village, à la campagne autour. La mer était loin. La mer était trop loin.

Puis il s'est mis à parler doucement, pour lui-même, il répétait,
10 *L'été c'est l'enfer.*

Il répétait sa phrase et ne regardait plus personne. Plus personne ne bougeait, ne parlait, ne respirait. Quelque chose n'allait pas du tout. On s'est arrêtés. Il y avait du monde sur le quai mais personne n'est monté dans notre rame[3]. J'aurais pu descendre et prendre la
15 rame suivante. Tout le monde aurait pu descendre. On ne l'a pas fait. On était paralysés. J'ai jeté machinalement un œil[4] sur le trajet[5] au-dessus de la porte. Il restait quatre stations avant Répu. Je retenais mon souffle et les six autres faisaient pareil. Maintenant que Zyeux Verts avait cessé de gueuler, plus personne ne bougeait, plus per-
20 sonne ne parlait. On ne voulait pas rallumer[6] la folie[7] en lui.

L'été c'est l'enfer.

Il continuait à marmonner[8], les deux bras autour de son sac posé sur ses genoux. On voyait ses genoux osseux[9] à travers son jean déchiré. Je serrais la pièce de deux euros dans ma main droite.
25 J'ai senti que je transpirais et j'ai essayé de relâcher la tension[10] qui

---

1 tassé/e *adj.*: *hier* in sich zusammengesunken
2 cassé/e *adj.*: kaputt, erledigt
3 la rame: Bahnzug, Wagen
4 jeter un œil sur qc/qn: auf jdn/etw. ein Auge werfen
5 le trajet: l'itinéraire *m.*, *ici* le plan de métro
6 rallumer: neu entfachen
7 la folie: Wahnwitz, Wahnsinn
8 marmonner: brummen, nuscheln
9 osseux/-euse *adj.*: très mince *m./f. adj.*, on voit les os *m. pl.*
10 relâcher la tension: Spannung lösen

crispait[1] ma bouche et tout mon corps. Pendant une minute, on a tous pensé que ça allait se calmer. La petite fille a geint[2]. La maman a changé de position, j'ai entendu le skaï[3] du siège couiner[4]. Et Zyeux Verts s'est levé.

Il a ouvert la fermeture de son sac et il a dit d'une voix sans timbre[5], *Le gros, tu veux voir ce qu'il y a dans mon sac.*

Il ne posait pas vraiment la question. L'autre l'a ignoré. Zyeux Verts a répété de sa voix étrangement basse, une voix trop calme pour être sa vraie voix, une voix froide, tellement blanche et froide qu'elle n'allait pas du tout avec l'été la chaleur et le reste.

Tu veux pas voir ce qu'il y a dans mon sac.

Et brièvement il nous a tous regardés. Puis il a plongé[6] la main et quand il l'a tendue, j'ai voulu fermer les yeux et je n'ai pas pu.

---

1   crisper: verzerren, verkrampfen
2   geindre: stöhnen, ächzen
3   le skaï: Kunstleder
4   couiner: fiepen, quietschen
5   la voix sans timbre *m.*: klanglose Stimme
6   plonger: eintauchen, reinstecken

Sujets d'étude

A. Pendant la lecture
1. Décrivez la relation entre le monde des sans-abris et celui du reste du monde comme Zyeux Verts le voit.
2. a) Résumez l'enfance de Cerise avec vos propres mots en tenant compte de ses capacités extraordinaires et des problèmes qui en résultent.
   b) Présentez quelles solutions sont proposées à ses problèmes?

B. Après la lecture
1. À deux, commentez la discussion entre Cerise et Clara lorsqu'elles se demandent si le SDF est gonflé ou plutôt courageux (p. 56).
2. Recherchez la signification de la technique littéraire « préfiguration épique ». Puis expliquez-la avec vos propres mots en vous référant à l'exemple de la phrase « L'été c'est l'enfer. » (p. 65)
3. a) Lisez un résumé de l'histoire du Petit Prince d'Antoine de Saint-Exupéry sur Internet. Concentrez-vous sur les chapitres avec les animaux mentionnés à la page 63.
   b) Après comparez les idées de Saint-Exupéry à celles de Clara et Cerise.
4. a) Spéculez ce qu'il y a dans le sac de Zyeux Verts. Justifiez votre idée à l'aide des événements précédents mentionnés aux pages 51/52.
   b) Échangez vos idées en groupe.

Partie 8

Je n'ai pas fermé les yeux parce que je savais. Je savais ce qui allait
arriver. Le film dans ma tête je l'ai repassé tant[1] et tant de fois.
Toutes les fois où ça clochait[2] trop. Où ça passait les bornes[3]. La
douleur. Le manque. La colère. La peur. La haine. Le désir. L'amour.
Le chagrin[4]. Toutes les fois où ce qu'ils disaient ne collait[5] pas avec   5
ce qu'ils étaient.

Les fois où ils font semblant d'être comme tout le monde, les fois
où ils cherchent la pitié, où ils s'humilient[6] complètement, les fois
où ils sont agressifs, où ils cherchent la bagarre[7], où ils la trouvent. Il
y a ceux qui ont appris par cœur[8] quelques phrases et les récitent, et   10
à la fin de la journée, ils sont tellement fatigués qu'on entend un mot
sur deux, et ça fait comme un grincement[9] dans l'oreille.

Il y a ceux qui inventent, et au bout d'un moment ils ne savent
plus ce qu'ils ont dit, ils disent le contraire de ce qu'ils ont dit. Il
y a ceux qui font semblant de venir d'un pays étranger, et ils arti-   15
culent maladroitement[10] dans une langue complètement naze[11]. Il y
a ceux qui parlent longtemps, ils se fichent[12] complètement de ce
qu'ils racontent, ils parlent pour se donner la force de continuer à
parler. Ceux qui résument en quelques phrases et tendent la main
avant même d'avoir fini de parler. Ceux qui vendent un journal.   20

---

1 tant *adv.*: beaucoup *adv.*
2 clocher: nicht stimmen
3 (dé)passer les bornes *f. pl.*: zu weit gehen
4 le chagrin: Kummer, Leid
5 coller: *ici* aller ensemble (avec)
6 s'humilier: sich erniedrigen
7 chercher la bagarre: Streit suchen
8 apprendre par cœur: auswendig lernen
9 le grincement: Quietschen, Knirschen
10 maladroitement *adv.*: ungeschickt
11 naze *adj.*: *fam.* kaputt, durchgeknallt
12 se ficher: *fam.* se désintéresser

Ceux qui chantent une chanson. Ceux qui récitent un poème. Ceux qui parlent comme s'ils étaient leur chien, leur chien collé contre leurs jambes. Ceux qui ont un bébé dans les bras, les femmes le plus souvent, mais j'ai vu un homme aussi une fois.

5 Il y a ceux qui crient pour se faire entendre, et ceux qui parlent très doucement, et personne, excepté les passagers proches[1], ne les entend.

Mais est-ce qu'on entend ce que disent les autres, ceux qui crient, ceux qui questionnent, ceux qui apostrophent ?

10 De temps en temps, il y en a un qui force l'écoute et l'admiration. Parce que son discours est exceptionnel. Parce qu'il l'a piqué dans un bouquin[2], ou se l'est fait écrire par un prof. Parce que sa sincérité n'est pas encore abîmée[3]. Parce qu'il est très jeune. Parce qu'il joue magnifiquement de la flûte ou de l'accordéon. Parce qu'il est très 15 beau. Bref[4] pour toutes sortes de mauvaises raisons, les gens filent leur monnaie[5]. Mais la plupart du temps, personne ne lève la tête, personne ne fait attention à ce qui est dit, personne ne donne à la main tendue[6]. On est tellement habitués. C'est à peine si on est mal à l'aise. À la station d'après, on a déjà oublié.

20 Il y a ceux qu'on retrouve tout le temps sur la ligne. Quand on les voit, on change de voiture parce qu'on sait d'avance[7] ce qu'ils vont dire. Il y a les nouveaux, on écoute le début et puis on se dit que c'est toujours pareil.

Évidemment c'est toujours pareil. Évidemment on n'en peut 25 plus. Évidemment on n'a pas envie de les voir. De les sentir. On ne peut plus les sentir. Et eux ? Eux c'est pareil. Ils ne peuvent plus nous sentir. Ils ne peuvent plus se sentir non plus. Répéter toute la journée la même chose, ça rend fou non ? Toute la journée et tous

---

1 proche *m./f. adj.*: nah
2 piquer dans un bouquin: noter dans un petit cahier
3 abîmé/e *adj.*: lädiert
4 bref: kurzum
5 filer sa monnaie: sich Geld entgehen lassen
6 la main tendue: mit ausgestrecktem Arm (zum Betteln)
7 d'avance *adv.*: avant, auparavant *adv.*

les jours. On devient abruti[1] ou cinglé[2]. On se résigne ? On s'habitue ? On en joue ? Certains jouent encore. Et puis, il y a ceux qui ne croient plus à rien, et ce n'est plus du tout un jeu, c'est leur vie qu'ils jouent. Ceux-là, je les crains. C'est ceux-là qui me font penser que. Ceux-là, ils ont déjà fait le saut[3]. Ils sont de l'autre côté ceux-là. Ils 5 ne sont plus avec nous, ils ne sont plus dans le métro en train de[4] mendier leur vie, en train de raconter leur histoire, ils ne sont même plus dans leur corps, ils ne s'appartiennent[5] plus. Ils ne savent pas où ils sont.

Je l'entends à leur voix. Leur voix n'est plus leur voix. Savent-ils 10 encore ce qu'ils disent ?

Quand ils sont polis[6] ou froids, j'y pense. Trop polis, trop froids. Détachés. Soudain ça se détache[7], chez eux, la voix, le regard, les mots. Leur voix s'en va, leur regard fout le camp[8]. J'y pense affreusement[9]. Ils ne sont plus là. Ils n'ont plus de mots pour le dire. Pour 15 dire qu'ils n'en peuvent plus et que ça ne peut plus durer.

Je ne l'ai dit à personne mais je l'ai pensé souvent. Même à Clara, je n'ai rien dit. Elle se moquerait gentiment, Tu as trop d'imagination, tu devrais écrire des romans. Il y a plus d'histoires dans ta tête que dans tous les livres réunis, dit maman. Papa peut-être comprendrait. 20 Papa est un taiseux[10] comme moi. Peut-être il saurait sans que je le lui dise.

Une fois qu'on était ensemble dans le métro, il a dit doucement, Je ne comprends pas comment ils tiennent[11], je ne comprends pas pourquoi ils tiennent. 25

---

1 abruti/e *adj.*: stumpfsinnig, abgestumpft
2 cinglé/e *adj.*: behämmert
3 faire le saut: einen Sprung machen, *hier* sich etw. trauen
4 être en train de faire qc: (gerade) dabei sein, etw. zu tun
5 s'appartenir: *hier* nicht mehr man selbst sein
6 poli/e *adj.*: honnête *m./f. adj.*, aimable *m./f. adj.*, gentil/le *adj.*
7 se détacher: sich ablösen, abspalten
8 foutre le camp: *fam.* sich verpissen, *hier* ausweichen (Blickkontakt)
9 affreusement *adv.*: horriblement *adv.* énormément *adv.*
10 le/la taiseux/-euse: qn qui ne parle pas beaucoup
11 tenir: *hier* bestehen bleiben

Zyeux Verts, ce jour-là, il a arrêté de tenir.
Il l'a fait.
Je savais ce qu'il allait faire. Et il savait que je savais.

Sujets d'étude

A. Pendant la lecture
1. a) Présentez les deux types de sans-abris dont parle Cerise.
   b) Expliquez pourquoi est-ce que l'un d'eux lui fait plus peur que l'autre?
2. Cerise croit savoir comment Clara et son père réagiraient à ses pensées. Discutez en groupe si ses hypothèses sont réalistes.
3. Mettez le texte de la quatrième de couverture[1] (p. 78, l. 1–5) dans le contexte global de l'histoire.

B. Après la lecture
1. Identifiez les différents types de monologue des sans-abris (p. 68–69). Choisissez-en un et imaginez ce qu'un tel sans-abri pourrait dire. Rédigez son discours.
2. Rédigez un dialogue entre Cerise et une autre personne de son entourage (au choix: son père, sa mère ou Clara). Dans votre dialogue, faites ressortir si l'autre personne est compréhensive, irritée ou même dégoutée.

---

1 la quatrième de couverture: Umschlagseite 4, U4

Partie 9

Je m'appelle Cerise j'ai quinze ans à la rentrée j'entre en seconde au lycée samedi j'ai acheté une robe rouge qui m'a transformée en princesse Clara Clara mange une glace en Espagne une glace rouge à la cerise c'est le garçon aux yeux verts qui est parti en premier le grand
5 *avec la cigarette non il n'a pas les yeux verts les yeux verts c'est c'est la maman avec le bébé accroché[1] dans son dos le bébé crie j'en ai assez que le bébé crie le ventre du gros monsieur gonfle[2] il gonfle si je le touche avec mon doigt il explose comme un ballon ma mère n'aime pas que je prenne le métro toute seule mon père dit que de voir le monde ça me*
10 *fait grandir on est lundi lundi 19 on est lundi 19 juin et c'est l'été je hais l'été Clara passe toujours le lundi soir avec moi parce qu'on n'a pas cours le mardi j'ai chaud et j'ai froid et je suis rouge et tout est rouge tellement tellement rouge*

Essuyez[3]-lui le front mais ne la touchez pas.
15   Évitez de la toucher.

Y a des blacks dans l'immeuble elles rigolent tout le temps nous les Arabes on rigole pas on est dans la même merde mais on sait pas rigoler Arrête Momo putain arrête viens on descend on descend Pourquoi on descend On descend L'autre là Laisse béton[4] viens si on reste on va
20 *se choper[5] on descend viens*

Calme, calme, mon petit, ça va, ça va aller.
    Ça va aller maintenant.

---

1 accroché/e *adj.*: angeklammert, angehängt
2 gonfler: aufblähen, aufblasen
3 essuyer: wischen, abwischen
4 Laisse béton (laisse tomber): *fam.* Lass es sein!
5 se choper: *fam.* kriegen, erwischen

À Lorient on va ramasser les coquillages avec mon grand-père tu verras Clara l'océan le matin à marée basse[1] on voudrait se lover[2] dedans

Il ne faut pas la déplacer.
 Elle n'a rien.
 On ne sait pas.   5
 Ne la bougez pas.

Les taches rouges ne partent pas ma robe est fichue[3] ma robe toute neuve ne pleure pas Cerise pourquoi tu pleures

C'est la réaction. Au moins, elle est sauvée.

Laissez-moi monsieur s'il vous plaît vous croyez que vous m'intimidez 10
mais j'en ai vu d'autres et je n'ai pas envie de parler j'ai envie de lire mon journal ce n'est pas que je ne veux pas vous regarder je veux juste lire en paix[4] mon journal j'ai droit à un peu de paix vous savez à mon âge

Ouvrez les yeux, mademoiselle.   15
 Mademoiselle.
 Pouvez-vous ouvrir les yeux mademoiselle, ouvrez les yeux tout va bien.
Le lundi soir Clara et moi on dort chez mon père Cerise dis-moi quelque chose Cerise habla conmigo[5]   20

 Cerise ouvre les yeux je t'en prie[6].
Ma petite chérie on est là, tout va bien, tu vas bien, on va rentrer ensemble, mais ouvre les yeux.

---

1 la marée basse: Ebbe
2 se lover: se rouler en boule *f.*
3 fichu/e *adj.*: kaputt
4 en paix *f.*: tranquillement *adv.*
5 habla conmigo: *espagnol* parle avec moi
6 je t'en prie: ich bitte dich, ich flehe dich an

Oui je suis gros et alors il est pas clair ce type avec ses yeux brillants il
se tient trop près il est trop près de moi à la prochaine je descends je
descends putain qu'est-ce qu'il a à à se coller[1] à moi

Jeune fille, pouvez-vous ouvrir les yeux, s'il vous plaît ? On va vous
5 emmener[2] à l'hôpital pour vous faire quelques examens de contrôle
mais tout va bien, vous n'êtes pas blessée, je voudrais juste voir vos
yeux, n'ayez pas peur, tout va bien, on est dans le couloir du métro, il
y a vos parents et des médecins, tout va bien désormais, ouvrez les
yeux s'il vous plaît.

10 J'entendais leurs voix arriver, je les sentais respirer, maman ravalait
ses larmes[3], papa faisait ce bruit avec ses dents quand il est stressé,
je sentais qu'on s'agenouillait[4], on m'a soulevée[5] doucement, les
pieds, les genoux, les jambes, les mains, les poignets, les bras, une
nouvelle odeur[6] est arrivée, une odeur de lessive, de draps[7] propres,
15 on a relevé ma tête, on a glissé le goulot[8] d'une gourde[9] entre mes
lèvres, je me suis étouffée[10] en avalant[11], puis l'eau est descendue
dans ma gorge, dans mon estomac, gloup-gloup ça a fait, j'avais une
autre odeur à l'intérieur de moi, l'odeur de la couleur rouge, comment tu t'appelles, je n'avais pas envie de répondre, ils le savaient
20 bien comment je m'appelais, Cerise rouge Cerise, ouvre les yeux s'il
te plaît, je n'avais pas envie de les ouvrir tout de suite, il n'y avait rien
à voir, ils le disaient qu'il n'y avait plus rien à voir, que je n'étais plus
à l'endroit où il y avait la couleur de l'odeur, mais l'endroit était avec

---

1 se coller: anheften, ankleben
2 emmener: transporter, conduire
3 ravaler ses larmes *f. pl.*: seine Tränen hinunterschlucken
4 s'agenouiller: se mettre sur ses genoux
5 soulever: anheben, hochheben
6 l'odeur *f.*: Geruch
7 le drap: Bettlaken
8 le goulot: Flaschenhals
9 la gourde: la bouteille (d'eau)
10 s'étouffer: ersticken, erwürgen
11 avaler: (hinunter) schlucken

moi, dans moi, l'endroit était sous mes paupières[1], je le voyais, je voyais la couleur, je les voyais eux dans la couleur, dans l'orage[2] qui n'était pas un orage, je voulais rester encore un peu avec eux, dans le rouge, dans le métro, je ne voulais pas ouvrir les yeux tout de suite, j'avais vu ce qu'il y avait à voir, le reste pouvait attendre encore un peu, le temps que je dise au revoir. ⁵

Sujets d'étude

A. Pendant la lecture

1. Résumez brièvement la situation dans laquelle se trouve Cerise.
2. Analysez le style des pages 73–76.
   a) Considérez particulièrement la ponctuation et la syntaxe de l'extrait en italique à la page 73.
   b) Réfléchissez: pourquoi n'y a-t-il pas de ponctuation? Quel effet est-ce que cela produit?
3. Résumez les différentes pensées de Clara lors de cette situation.
4. Interprétez le mot « orage » dans le contexte de l'histoire (cf. p. 76).
5. Expliquez la phrase « (…) je ne voulais pas ouvrir les yeux … je dise au revoir. » (p. 76, l. 4–6).

B. Après la lecture
Imaginez ce que Cerise dirait (comment elle réagirait) après avoir ouvert ses yeux.

---

1 la paupière: Augenlid
2 l'orage *m*.: Unwetter

Partie 10

Tu as raison Cerise, c'est toi qui as raison. Mais personne ne te croira. Personne ne m'a jamais cru.

C'est ce qu'il m'a dit. Avant de partir.

Dans le film-souvenir, sur l'écran géant[1], il ne me l'a pas dit. Mais
5 je l'ai entendu. Trop tard. De toute façon tout était trop tard.

C'est moi qui lui fais dire ça. C'est moi qui le dis.

Je dis ça, et le reste. Fallait que je le dise. Que je dise ce qu'on ne
dit pas. Ce qu'on sent. Ce qui passe dans la tête et qui est vrai.

Fallait que je dise, c'est vrai. C'est ça qui est vrai.

10 Zyeux Verts est vrai. Momo et son copain sont vrais. La petite
fille avec ses tresses[2], sa maman et sa copine sont vraies. La vieille
dame est vraie. Le gros monsieur est vrai.

Je suis vraie. Je suis dans le film.

Et je suis sortie du film. Au revoir.

---

1 géant/e *adj.*: très grand/e *adj.*
2 la tresse: Zopf

Il a tiré la fermeture éclair[1] de son sac.

Il a enfoncé[2] son bras dedans.

Un millième de seconde avant que son bras ressorte, nos yeux se sont croisés[3]. *Tu as raison Cerise, c'est toi qui as raison. Mais personne ne te croira. Personne ne m'a jamais cru.*   5

Le gros monsieur ne le regardait pas. Je ne sais pas si les autres le regardaient. Je ne crois pas. Plus personne ne voulait le regarder. Si on ne le regardait pas, il finirait par se calmer. Si on faisait semblant d'oublier qu'il était là, si on faisait semblant de ne pas entendre ses cris, si on n'écoutait plus ce qu'il disait, ses mots tomberaient dans 10 le silence, comme son bras dans son sac, il se fatiguerait, il tomberait sur un siège et ça serait enfin fini.

Moi je le regardais, je ne le lâchais[4] pas du regard et ça faisait un bout de temps, et il savait que j'étais là avec mes yeux fixés sur lui, et dans ses yeux, quand son bras était dans le sac, il y avait un truc 15 pas possible, c'est pas possible ce que tu es là, non, c'est vous là, vous tous, c'est vous qui êtes pas possibles, on avait la même phrase dans les yeux et son bras est ressorti, et là j'ai voulu fermer les yeux, et je n'ai pas pu parce que mes yeux avaient déjà vu ce que je voyais, je l'avais pensé si fort depuis si longtemps que dans mes yeux mon 20 cœur l'avait vu, je le pensais depuis des semaines, des mois, je le pensais si fort que je le sentais, je sentais que c'était possible, que c'était tellement pas possible que c'était possible, je le savais, d'un drôle de savoir, un savoir qui résonnait[5] dans ma tête, dansait devant mes yeux, j'attendais depuis longtemps que ça arrive, je ne voulais pas 25 que ça arrive, je croyais que d'y penser, chaque fois, ça empêcherait que ça arrive, mais c'est le contraire, ça arrive.

---

1 la fermeture éclair: Reißverschluss
2 enfoncer: versenken, hineinstecken
3 se croiser: sich kreuzen
4 lâcher: loslassen, ablassen
5 résonner: klingen, hallen, dröhnen

Le premier coup est parti direct dans le ventre du gros type et ça
a giclé[1], ça a fait un geyser[2] tellement fort qu'une fraction de seconde
je n'ai plus rien vu, un orage nous tombait dessus, et je n'ai pas vu les
corps des femmes tomber et je n'ai pas vu la tête de la petite fille se
5 trouer[3], j'ai entendu crier et puis j'ai vu qu'il tirait[4] droit devant, qu'il
tirait des balles sans compter, j'ai entendu le hurlement des garçons,
les balles sifflaient, il a légèrement pivoté[5], les garçons avaient dû se
cacher, et peut-être la vieille dame aussi, je crois qu'il a eu la vieille
dame avant les garçons et puis il a eu les garçons, je le regardais,
10 j'étais paralysée, j'étais une colonne de pierre[6], j'étais toute sèche[7]
et droite et pourtant j'étais assise, mais j'étais droite comme un i, je
n'avais pas peur, je n'avais pas le temps d'avoir peur, je ne pensais à
rien, je n'avais plus ma tête, ma tête était dans mes yeux, je le regardais et ça s'est arrêté une seconde, et j'ai entendu des alarmes hurler,
15 le métro a pilé[8] net[9], je suis partie en avant et lui en arrière, je ne suis
pas tombée, lui non plus, il ne se passait plus rien, des alarmes hur-
laient mais dans la rame du métro il y avait un trou, un grand vide,
je le voyais, lui, debout, il était tout rouge, le sang du gros monsieur
avait éclaboussé[10] partout sur lui, il avait du sang sur son sweat, le
20 e blanc de *Be your friend* était une grosse tache rouge, il avait du
sang sur le visage, il avait du sang sur les cheveux, il était debout, il
était en face de moi, et il a eu un élan minuscule[11] comme s'il allait
avancer vers moi, son flingue[12] pendait[13] au bout de son bras droit, et
il y a eu un petit bruit, un cliquètement, c'est la boîte de thon vide

---

1   gicler: spritzen
2   le geyser: la fontaine
3   se trouer: sich durchlöchern
4   tirer (des balles *f. pl.*): (Munitionen) schießen
5   pivoter: sich umdrehen
6   la colonne de pierre *f.*: Steinsäule
7   sec/sèche *adj.*: *ici* irrité/e *adj.*, improductif/-ive *adj.*
8   piler: disparaître
9   net: *ici* brusquement *adv.*
10 éclabousser: spritzen
11 minuscule *m./f. adj.*: très petit/e *adj.*
12 le flingue: *fam.* Ballermann, Revolver
13 pendre: hängen

qui tapait[1] contre le flingue, ça a duré même pas une minute, nos yeux ne se disaient plus rien, il n'a pas avancé, son bras a changé de position, il a appuyé[2] le canon contre sa poitrine, je n'arrivais plus à lui parler avec mes yeux, et il a appuyé sur la détente[3], et je n'ai pas vu son corps exploser parce que je venais de fermer les yeux.   5

Sujets d'étude

A. Pendant la lecture
1. Relevez le vocabulaire en rapport avec le thème de la « violence » dans la dernière partie du roman (p. 77–80).
2. Puis, à l'aide de vos mots de l'exercice 1, résumez ce qui se passe dans la rame du métro.
3. Comparez les actions de Zyeux Verts et les réactions de Cerise sous la forme d'un tableau.

B. Après la lecture
1. À deux, rédigez un dialogue entre Cerise et son psychologue.
2. Imaginez un article de presse sur l'incident, dans lequel vous intégrez aussi une petite interview avec Cerise et/ou d'autres personnes affectées.

---

1 taper: frapper, toucher
2 appuyer (contre qc): auf etw. stützen, gegen etw. lehnen
3 la détente: Abzug (einer Waffe)

Annexe

Caricature

ICONOVOX/chimulus

Sujets d'étude

1. Présentez le thème de la caricature en vous référant au titre et à l'ensemble de l'image.
2. Analysez la caricature en détail. Essayez d'en déduire le message.
3. Que pensez-vous du problème présenté dans la caricature? Quelles sont les causes de ces problèmes et quelles solutions y a-t-il? Discutez en groupe.
4. Recherchez sur Internet les mesures que le gouvernement français et les villes/régions entreprennent pour améliorer la situation des SDF. Présentez-les en classe et jugez-les.

Les systèmes scolaires en France et en Allemagne

age						
18	enseignement secondaire — enseignement primaire	lycée	Baccalauréat professionnel		Baccalauréat général	Baccalauréat technologique
			terminale professionnelle			
17			première professionnelle		terminale	terminale
16			CAP / BEP		première	première
			terminale BEP	terminale BEP		
15			seconde CAP	seconde BEP	seconde générale et technologique	
14		collège élémentaire	Diplôme national du Brevet			
			troisième			
13			quatrième			
12			cinquième			
11			sixième			
10		école élémentaire	cours moyen 2			
9			cours moyen 1			
8			cours élémentaire niveau 2			
7			cours élémentaire niveau 1			
6			cours préparatoire			
5		école maternelle	grande section			
4			moyenne section			
3			petite section			

Quelle: Wikipedia / Bildungssystem in Frankreich

Sujets d'étude

1. Décrivez l'image ci-dessus.
2. Sur une affiche, dessinez un graphique similaire pour le système scolaire allemand. Présentez-le en classe.
3. Comparez les deux systèmes: où y a-t-il des différences, où y a-t-il des similarités?
4. « Localisez » Cerise et sa copine Clara dans le système français. Ensuite « localisez-vous » dans le système allemand.

Céline Boff
Attaques terroristes à Paris: « L'attentat du métro Saint-Michel nous a apporté de l'expérience. »

Il y a un mois, des attentats ensanglantaient[1] la capitale. Ces événements ont été suivis de près par le docteur Jacques Hascoët, ancien médecin urgentiste[2] à la Brigade de sapeurs-pompiers[3] de Paris. Il est intervenu lors de nombreux attentats, jusqu'à celui du métro Saint-Michel, en 1995. Cet attentat a fait évoluer l'organisation des 5 secours, comme il en témoignera[4] ce samedi sur le salon Secours Expo, à la Porte de Versailles. 20 Minutes l'a rencontré. Voici son témoignage.

« C'était l'été et la France était calme. Ce 25 juillet, nous avions été appelés pour un feu dans le métro. Juste avant d'arriver place 10 Saint-Michel, je remarque six personnes allongées par terre, à la sortie d'une petite entrée du métro. » Le docteur s'arrête, s'approche des blessés et décide d'entrer dans la bouche[5] de la station.

« Là, je vois des gens qui marchent comme des zombies. Je descends encore. Cette fois, il n'y a plus personne, sauf des blessés et 15 des morts. Je vois des gens déchiquetés[6]. Je me dis qu'ils se sont peut-être jetés sous le métro pour échapper aux flammes... Et là, ça fait tilt[7]: je comprends que ce n'est pas un incendie, mais qu'une bombe a explosé. »

---

1   ensanglanter: couvrir avec du sang
2   le médecin urgentiste: Notarzt
3   les sapeurs-pompiers *m. pl.*: Feuerwehr
4   témoigner → le témoignage: berichten → Bericht
5   la bouche: *ici* l'entrée *f.* de la station de métro *m.*
6   déchiqueté/e *adj.*: zerfetzt, zerfleischt
7   ça fait tilt: der Groschen ist gefallen, es hat Klick gemacht

« Il ne faut surtout pas soigner[1] et c'est très dur. »

Le docteur, qui est le premier sur les lieux, appelle le 18[2] et déclenche[3] le Plan rouge. Ce plan d'urgence a été créé après l'explosion de la rue Raynouard (Paris XVIe), en 1978. À cette époque, les secours avaient 5 commis plusieurs erreurs et des personnes étaient mortes du fait de cette mauvaise coordination. Au cours des années 1980, avec les attentats de la rue Copernic ou de l'aéroport d'Orly, le dispositif s'est amélioré.

Jusqu'à cette journée de 1995. Le docteur Hascoët commence 10 par faire le tour des victimes. « Il ne faut surtout pas les soigner et c'est très dur… C'est contraire à tout ce que l'on nous apprend à l'école, mais l'urgence, c'est d'évaluer les blessés, de les prioriser. »

Et puis, les secours arrivent. « C'était en juillet, il faisait très chaud. La station est profonde et les cheminements sont difficiles[4]. 15 Les escaliers mécaniques étaient à l'arrêt et les pompiers devaient brancarder[5] les victimes par les escaliers. Quand ils arrivaient en haut, ils étaient épuisés[6] », se souvient le docteur, aujourd'hui retraité.

« Des tas de gens fuient quand il y a une explosion. »

20 « Saint-Michel nous a apporté l'expérience de l'intervention en profondeur et la première leçon que nous en avons tirée, c'est qu'il fallait organiser des relèves de brancardages[7] ». Pour la première fois aussi, les secours mettent sur pied non pas un, mais trois postes médicaux[8]. Le premier au sous-sol, les deux autres dans des cafés 25 en surface. Ils sont rapidement pris d'assaut[9].

---

1 soigner: behandeln, heilen, pflegen
2 le 18: le numéro qu'il faut appeler lors d'un incendie
3 déclencher: activer
4 les cheminements sont difficiles: il est difficile d'avancer, de continuer son chemin
5 brancarder: auf einer Bahre tragen
6 épuisé/e *adj.*: fatigué/e, découragé/e
7 la relève de brancardage: Abschaffung/Ablösung des Bahrentragens
8 le poste médical: medizinischer Versorgungsposten
9 prendre d'assaut *m.*: in Beschlag nehmen

« Des tas de gens fuient quand il y a une explosion et puis, quand ils voient les secours arriver, ils reviennent », explique Hascoët. « Ils ne sont pas forcément blessés, mais ils sont choqués. La prise de conscience de la nécessité de mettre en place une cellule médico-psychologique[1] est également née à Saint-Michel. » Et elle a été mise en place efficacement lors des derniers attentats à Paris, comme en témoignent les professionnels.

« Le Plan rouge est toujours améliorable. Lors de l'attentat d'Orly, en 1983, j'avais pris des papiers et des crayons pour apposer des numéros sur chacun des blessés afin de les évacuer au mieux. Maintenant, on fournit aux victimes des bracelets[2] avec des codes-barres. Mais on garde toujours un petit crayon… L'informatique, ça tombe en panne. Et le portable, ça ne capte[3] pas… Alors, on garde aussi le généphone, un appareil né lors de la Première Guerre mondiale. Ces téléphones reliés par un câble de 500 mètres permettent de communiquer en toutes circonstances[4] ». Même dans les tréfonds[5] d'une profonde bouche de métro.

20 Minutes France 06.02.2015 / Céline Boff

---

1 la cellule médico-psychologique: medizinisch-psychologische Betreuung
2 le bracelet: Armband
3 capter: *hier* empfangen, abfangen
4 en toutes circonstances *f. pl.*: toujours, sans restriction *f.*
5 les tréfonds *m. pl.*: *litt.* Innerste(s)

Sujets d'étude

A. Avant la lecture
Cherchez des informations sur Internet sur l'attentat du métro
Saint-Michel en 1995.

B. Après la lecture
1. Résumez en quelques phrases de quoi cet article parle.
2. Présentez les événements dont parle le docteur ainsi que les
   conclusions qu'il en tire.
3. Commentez la citation suivante de Yasmina Khadra en vous
   référant soit au cas de Cerise, soit à celui de Saint-Michel.
   « Un attentat reste un attentat. À l'usure, on peut le gérer tech-
   niquement, pas humainement. L'émoi[1] et l'effroi[2] ne font pas
   bon ménage[3] avec le sang-froid[4]. Lorsque l'horreur frappe, c'est
   toujours le cœur qu'elle vise en premier. »

   Éditions Julliard 2005/ L'attentat (p. 19) de Yasmina Khadra

---

1 l'émoi *m.*: *litt.* Aufruhr
2 l'effroi *m.*: Panik, Entsetzen
3 faire bon/mauvais ménage *m.*: gut/schlecht zusammenpassen
4 le sang-froid: Kaltblütigkeit

Biographie et bibliographie de Claudine Galea

D'origine maltaise, née le 9 février 1960, Claudine Galea a grandi dans la région de Marseille et vit aujourd'hui à Paris. Elle est auteure dramatique, romancière et critique littéraire.

Après des études littéraires, elle débute comme comédienne pour se consacrer ensuite exclusivement à l'écriture. Ses textes font l'objet de mises en scène ou de mises en ondes sur France Culture. L'auteure publie des romans, des récits et des albums pour les adultes et la jeunesse et tient une chronique littéraire au quotidien *La Marseillaise*. Elle est également membre du comité de rédaction de la revue Ubu, Scènes d'Europe.

Elle travaille régulièrement avec des chorégraphes et des musiciens, des illustrateurs, et aime faire des lectures de ses livres, seule ou avec d'autres personnes, entre autres avec des musiciens.

En 2009, elle reçoit le Prix Radio de la SACD et Le Grand Prix de littérature dramatique pour *Au bord*, édité chez Espace 34 en 2011.

Depuis septembre 2015, Claudine Galea est auteure associée au Théâtre National de Strasbourg. De nombreux de ses textes ont été mis en scène: *Les Idiots*, *Les Chants du silence rouge*, *À demain cette nuit*, *L'Orélie* ...

Parmi ses publications romanesques ou récits pour adultes on compte *Chronique d'une navigation* (1996), *Jusqu'aux Os* (2003), *Le Bel Échange* (2005), *Morphoses* (roman graphique, 2006), *L'amour d'une femme* (2007), *La règle du changement* (2007), *L'invitée* (2008), *Le corps plein d'un rêve (2011)*, ...

Elle a aussi publié deux albums et des textes illustrés pour la jeunesse: *Sans toi* (2005), *MêmePasPeur* (2005), *Entre les vagues* (2006), *Rouge Métro* (2007), *À mes AmourEs* (2007), *Au pays de Titus, l'enfant qui se tait* (2008), *Un amour prodigue* (2009), *La fille qui parle à la mer & Le garçon au chien parlant* (2014), ...